Johannes Janota
Ich und sie, du und ich

Wolfgang Stammler Gastprofessur
für Germanische Philologie

– Vorträge –

herausgegeben vom Mediävistischen Institut
der Universität Freiburg Schweiz

Heft 18

Walter de Gruyter · Berlin · New York

Johannes Janota

Ich und sie, du und ich

Vom Minnelied zum Liebeslied

Walter de Gruyter · Berlin · New York

Veröffentlicht mit Unterstützung des Hochschulrates Freiburg Schweiz

∞ Gedruckt auf säurefreiem Papier,
das die US-ANSI-Norm über Haltbarkeit erfüllt.

ISBN 978-3-11-021776-6
ISSN 1420-4681

Bibliografische Information der Deutschen Nationalbibliothek

Die Deutsche Nationalbibliothek verzeichnet diese Publikation in der
Deutschen Nationalbibliografie; detaillierte bibliografische Daten
sind im Internet über http://dnb.d-nb.de abrufbar.

© Copyright 2009 by Walter de Gruyter GmbH & Co. KG, 10785 Berlin.

Dieses Werk einschließlich aller seiner Teile ist urheberrechtlich geschützt. Jede Verwertung außerhalb der engen Grenzen des Urheberrechtsgesetzes ist ohne Zustimmung des Verlages unzulässig und strafbar. Das gilt insbesondere für Vervielfältigungen, Übersetzungen, Mikroverfilmungen und die Einspeicherung und Verarbeitung in elektronischen Systemen.

Printed in Germany
Umschlaggestaltung: Christopher Schneider, Berlin
Satz: Martin Rohde, Mediävistisches Institut Universität Freiburg Schweiz
Druck und buchbinderische Verarbeitung:
AZ Druck und Datentechnik GmbH, Kempten

Inhalt

Johanna Thali – Begrüßung 7
Johannes Janota – Ich und sie, du und ich.
    Vom Minnelied zum Liebeslied 11
Curriculum vitae Johannes Janota 41
Veröffentlichungen von Johannes Janota 1968–2007 43

Begrüßung

Meine Damen und Herren,

es ist mir eine Ehre, Herrn Professor Johannes Janota begrüßen und einführen zu dürfen, den diesjährigen Inhaber der Wolfgang Stammler-Gastprofessur. Begrüßen darf ich auch ehemalige Gastprofessoren, die heute abend wiederum zu uns gekommen sind, Herrn Paul Gerhard Schmidt, Herrn Alois Wolf und Herrn Michael Curschmann.

Johannes Janota kam erst nach ‚Umwegen' zum Studium und auf diesem Weg dann zur Mittelalterphilologie. 1938 geboren, fiel seine erste Ausbildung in die Nachkriegsjahre. Er erlernte den Beruf eines Werkzeugmachers, bevor er ein Gymnasium besuchen konnte. In Tübingen und Wien studierte er dann Deutsche Philologie, Katholische Theologie, Philosophie und Geschichte. 1966 promovierte er in Tübingen. Von 1966 bis 1974 wirkte er dort als Assistent von Hanns Fischer und von dessen Nachfolger Burghart Wachinger, und 1973 habilitierte er sich. Bereits im folgenden Jahr wurde er an die neu gegründete Universität Siegen berufen. 1983 folgte dann der Ruf an die Universität Augsburg auf den Lehrstuhl für deutsche Literatur und Sprache des Mittelalters, den er bis zu seiner Emeritierung innehatte.

Dem wissenschaftlichen Œuvre von Johannes Janota sieht man die Prägung durch seine Lehrer durchaus an, wobei sein Nach- und Weiterdenken den Fragen und Gegenständen stets ein neues Profil verleiht. Mit Hanns Fischer teilt er das ausgeprägte Interesse für die Literatur des Spätmittelalters. Dabei gewinnt man den Eindruck, daß hier die Anregungen zur Spätmittelalterforschung, die von Hugo Kuhn und seinen Schülern ausgingen, zu denen eben auch Hanns Fischer und Burghart Wachinger gehörten, auch noch in der zweiten Forschergeneration fruchtbar fortwirken.

Die Dissertation zu ‚Funktion und Typus des deutschen geistlichen Liedes im Mittelalter' ist bis heute das unverzichtbare Standardwerk zur Gattung geblieben. Bereits hier läßt sich beobachten, was mir für die Forschungen unseres Gastes typisch zu sein scheint: Die Verbindung nämlich von gründlichem und präzisem philologischem Handwerk mit innovativen Fragestellungen. Die Erschließung von Wissensgebieten geht stets mit der Entwicklung neuer Forschungsperspektiven einher, die über den untersuchten Gegenstandsbereich hinaus wegweisend sind. So bildet in den Studien zum geistlichen Lied der Begriff der „Aufführungspraxis" die zentrale Untersuchungskategorie. Wie innovativ und weitsichtig dieser methodische Zugriff damals war, wird deutlich, wenn man sich vor Augen hält, daß die Forschung zur Aufführung mittelalterlicher Texte in diesen Jahren erst einsetzte. 1966, im Jahr der Promotion von Johannes Janota, hielt Hugo Kuhn erstmals den epochemachenden Vortrag über den ‚Minnesang als Aufführungsform' am Beispiel von Hartmanns drittem Kreuzzugslied, der zwei Jahre später in redigierter Form im Druck erschien und die germanistische Debatte um den Aufführungscharakter des Minnesangs auslöste. Diese mündete 1994 in ein DFG-Symposium ein, das die Frage nach dem Verhältnis von 'Aufführung' und 'Schrift' für weitere Bereiche des Gattungssystems fortführte. Die Diskussion wird – zum Teil unter dem Etikett der Performanz und Performativität – bis heute weitergeführt.

Wo es die Gegenstände erfordern, überschreitet Johannes Janota stets die Grenzen seines Fachs, um in Nachbargebiete vorzustoßen, sei es die Geschichte, die Theologie, die Liturgie- oder die Musikwissenschaft. Die Bedeutung der Musik für die literarische Kultur des Mittelalters kann wohl kaum überschätzt werden, besaßen doch viele der literarischen Gattungen musikalische Darbietungs- oder Aufführungsformen, die nur allzu oft außerhalb unserer – auf die Texte fixierten – Betrachtung bleiben. Nur wenige Literarhistoriker aber sind imstande, den Brückenschlag zur Musik zu machen, den Janota so souverän beherrscht. Die musikalische Dimension literarischer Texte blieb auch nach der Dissertation ein 'Leitmotiv' seiner Forschungen. Aus seiner Feder stammen eine Vielzahl grundlegender Aufsätze und einschlägiger Artikel zu Liederbüchern, Hymnaren oder zu geistlichen Liedern für das ‚Verfasserlexikon', das ‚Reallexikon der deutschen Literaturwissenschaft' oder für die Enzyklopädie ‚Die Musik in Geschichte und Gegenwart'. Die Musik steht auch im Zentrum des laufenden, von der Deutschen Forschungsgemeinschaft geförderten Projekts, das sich die kommentierte Edition der Melodien zu den lateinischen Osterfeiern und -spielen des Mittelalters zum Ziel setzt.[1]

Das vielfältige wissenschaftliche Werk von Johannes Janota umfaßt Forschungen zur mittelalterlichen Literatur (wobei ‚Literatur' in ihrem

---

1 Vgl. die Projektbeschreibung unter http://www.philhist.uni-augsburg.de/de/lehrstuehle/germanistik/spracheliteratur (28.09.2007).

weiten Sinn zu verstehen ist) von den Anfängen deutscher Schriftlichkeit in althochdeutscher Zeit bis in die Frühe Neuzeit. Es schließt Arbeiten zur Mittelalterrezeption vom 16. Jahrhundert bis in die Neuzeit genauso ein wie Publikationen zur Fachgeschichte der Germanistik. Der Forschungsschwerpunkt aber – die eigentliche Passion unseres Gastes – gilt dem Spätmittelalter. Mit dieser Epoche setzte sich die Habilitationsarbeit auseinander, ihr gelten die großen Arbeiten der vergangenen Jahre. Sein umfassender Forschungsbericht stellte in den frühen 1970er Jahren die Spätmittelalterforschung auf eine neue, solide Grundlage. Das Spätmittelalter, das uns heute so lebendig vor Augen steht, war damals ja noch weitgehend *terra incognita*, oder, um eine Formulierung von Johannes Janota zu gebrauchen, dieser Zeitabschnitt gehörte bis in die frühen 1980er Jahre zu den „weißesten der sogenannten weißen Flecken der mittelalterlichen Literatur- und wohl auch Sprachgeschichte".[2]

Eine Reihe gewichtiger Arbeiten von Johannes Janota hat diesem weißen Flecken der Landkarte der Literaturgeschichtsschreibung im Laufe der letzten Jahrzehnte Konturen und Farbe verliehen. Zu nennen sind seine Forschungen zur Märendichtung, zu den spätmittelalterlichen Spielen oder zum aufkommenden städtischen Literaturbetrieb. Gerade im Bereich des geistlichen Spiels hat er Wesentliches geleistet, von der Sichtung der Überlieferung und des archivalischen Quellenmaterials über die Edition von Texten bis hin zur Interpretation der Spiele und ihrer Verortung in historischen Interessenzusammenhängen. Besondere Würdigung verdient die zwischen 1996 und 2004 erschienene mehrbändige Edition der Hessischen Passionsspielgruppe, welche die verschiedenen Spiele im Paralleldruck bietet. Wie sehr Johannes Janota nicht nur als Forscher, sondern auch als Lehrer wirkt, zeigt die Fortführung dieser Arbeiten durch seine Schüler.

Die Auseinandersetzung mit grundsätzlichen theoretischen und methodischen Fragen ist ein Aspekt der Forschungsbeiträge zum Spätmittelalter. Ich erinnere etwa an seine Überlegungen zu gattungsadäquaten Editionsformen für das geistliche Spiel, zur Mündlichkeit literarischer Kommunikation, zur Varianz mittelalterlicher Texte oder zum Problem der Periodisierung literarhistorischer Epochen. Daß solche Themen oft

---

2 Johannes Janota: Das 14. Jahrhundert – ein eigener literarhistorischer Zeitabschnitt? In: Zur deutschen Literatur und Sprache des 14. Jahrhunderts. Dubliner Colloquium 1981. Hrsg. von Walter Haug, Timothy R. Jackson und Johannes Janota. Heidelberg 1983. (Reihe Siegen 45 = Publications of the Institute of Germanic Studies, University of London 29), S. 9–24, hier: 9.

sehr früh erscheinen, lange bevor sie die Forschungsdebatten bestimmen, macht deutlich, daß hier nicht einfach modische Schlagwörter aufgegriffen werden, sondern daß sich das Nachdenken über diese zentralen Fragen des Fachs stets aus der profunden Kenntnis der Gegenstände heraus entwickelt.

Die Fortschritte der Spätmittelalterforschung seit den 1960er Jahren werden in der Neubearbeitung des entsprechenden Bandes der de Boorschen Literaturgeschichte sichtbar. Helmut de Boor hatte in seiner Ausgabe 1962 das Jahrhundert zwischen 1250 und 1350 noch mit dem Leitbegriff des „Zerfalls" charakterisiert. In der Neuausgabe von Johannes Janota von 1997 mutierte der gleiche Zeitraum mit seiner Gattungsvielfalt zu einer Epoche des „Neubeginns". Den krönenden Abschluß der intensiven Erkundung des Spätmittelalters aber bildet sicherlich seine Literaturgeschichte zum 14. Jahrhundert, die 2004 unter dem Titel „Orientierung durch volkssprachige Schriftlichkeit" als Band 3.1 der von Joachim Heinzle konzipierten, sozialhistorisch orientierten Literaturgeschichte erschien. Der Band bietet die erste umfassende und moderne literarhistorische Darstellung des Spätmittelalters. Hier wird deutlich, wie sehr die ehemalige *terra incognita* Profil und eine schillernde Farbigkeit erhalten hat. Hanns Fischer hatte in den späten 1960er Jahren ein ‚goldenes Zeitalter' der Spätmittelalterforschung prophezeit, deren „Frühphase" er wahrnehmen zu können glaubte.[3] Daß dieses goldene Zeitalter inzwischen tatsächlich angebrochen ist, haben wir zu einem großen Teil Ihnen, Herr Janota, zu verdanken.

Ich muss hier abbrechen. Es ist nicht möglich, in einer knappen Einführung die wissenschaftlichen, aber auch die wissenschaftsorganisatorischen und kulturpolitischen Leistungen von Johannes Janota angemessen zu würdigen. Herr Janota, wir freuen uns sehr, Sie heute abend auf Ihrer Erkundungsreise vom spätmittelalterlichen Minnelied zum frühneuzeitlichen Liebeslied begleiten zu dürfen.

Johanna Thali

---

3 Siehe ders., Neue Forschungen zur deutschen Dichtung des Spätmittelalters (1230–1500) 1957–1968, in: DVjs 45. 1971. Sonderheft, S. 1*–242*, hier: 2*.

Ich und sie, du und ich

Vom Minnelied zum Liebeslied

Den grundlegenden Unterschied zwischen dem Minnelied und dem Liebeslied hat Burghart Wachinger prägnant formuliert: „Das Lied der hohen Minne spricht grundsätzlich in einer Situation des Liebesanfangs: Das sprechende Ich ist einseitig von Liebe betroffen, hat aber (noch) keine Gegenliebe erfahren. Es spricht, als habe noch gar keine Kommunikation mit der Geliebten stattgefunden außer höchstens eine Abweisung oder ein Verbot zu singen. Ob jemals eine positive Antwort kommen, ob jemals Gegenliebe möglich sein wird, liegt in der Zukunft verborgen. [...] Demgegenüber spricht das monologische Liebeslied des jüngeren Typus immer schon aus einer Beziehung heraus. Die Liebe mag durch Trennung oder *klaffer* bedroht sein, sie wird doch als gegenseitig bestehend vorausgesetzt. Die Liebe mag sogar [...] durch Nebenbuhler und Untreue zerstört worden sein, sie war doch einmal vorhanden."[1] Diese griffige Unterscheidung anhand völlig divergenter Sprechsituationen ist zwar am monologischen Minne- und Liebeslied gewonnen, da aber dieser Liedtyp über die Jahrhunderte hinweg gegen-

---

1 Burghart Wachinger: Liebeslieder vom späten 12. bis zum frühen 16. Jahrhundert. In: Mittelalter und frühe Neuzeit. Übergänge, Umbrüche und Neuansätze. Hrsg. von Walter Haug. Tübingen 1999. (Fortuna vitrea 16) S. 1–29, Zitat S. 20f. Ähnlich in: Deutsche Lyrik des späten Mittelalters. Hrsg. von Burghart Wachinger. Frankfurt a. M. 2006. (Bibliothek des Mittelalters 22 = Bibliothek deutscher Klassiker 191) S. 622 und 623f. Für die Spezifik des Liebeslieds jüngeren Typs gibt bereits Horst Brunner eine ähnliche Beschreibung: Das deutsche Liebeslied um 1400. In: Gesammelte Vorträge der 600-Jahrfeier Oswalds von Wolkenstein Seis am Schlern 1977. Hrsg. von Hans-Dieter Mück und Ulrich Müller. Göppingen 1978. (GAG 206) S. 105–146, hierzu S. 135f. Eine Zusammenfassung hieraus bringt der Abschnitt zum Liebeslied (S. 394–397) in Horst Brunners Überblick: Tradition und Innovation im Bereich der Liedtypen um 1400. Beschreibung und Versuch der Erklärung. In: Textsorten und literarische Gattungen. Dokumentation des Germanistentages in Hamburg vom 1. bis 4. April 1979. Berlin 1983, S. 392–413; aktualisierter Wiederabdruck in Horst Brunner: Annäherungen. Studien zur deutschen Literatur des Mittelalters und der Frühen Neuzeit. Berlin 2008. (Philologische Studien und Quellen 210) S. 246–263.

über anderen Liedtypen (Frauenlied, Wechsel, Dialoglied, Tagelied, Gegensang) dominant bleibt, kann die vorgestellte Differenzierung eine allgemeine Gültigkeit für sich beanspruchen, die Gegenentwürfe zum vorherrschenden Modell des Werbelieds um so deutlicher markiert.[2]

Weniger klar sind die Anfänge dieses literarhistorisch und poetologisch weitreichenden Wechsels der Sprechsituation, in der ein liebendes Ich nicht mehr über ein umworbenes Sie redet, sondern auf ein geliebtliebendes Du ausgerichtet ist. Burghart Wachinger benennt auch hier prägnant die gegenwärtige Forschungsposition: „Die Ansätze zu diesem neuen Typus, der dann in den Liederbüchern des 15. und 16. Jahrhunderts vorherrscht, reichen weit zurück, aber erst beim Mönch von Salzburg [also in der zweiten Hälfte des 14. Jahrhunderts] ist er breit belegt."[3]

Umstrukturierung des literarischen Gattungssystems

Hier setzen meine nachfolgenden Überlegungen ein, die versuchen, etwas Licht in die bislang vagen Andeutungen auf die weit zurückreichenden Ansätze zur Ausbildung des Liebesliedes neuer Art zu bringen. Dabei geht es mir nicht nur um eine zeitliche Präzisierung dieser Ansätze, sondern ebenso um spezifische Verschiebungen innerhalb des literarischen Gattungssystems während des 14. Jahrhunderts und um die formalen Neuerungen, die überhaupt erst die Möglichkeit für den Wechsel vom herkömmlichen Minnelied zum Liebeslied neuer Prägung eröffneten. Da hierzu bislang nur verstreute, im Detail freilich substantielle Anmerkungen beigebracht wurden, scheint mir eine systematische Behandlung dieses nachhaltigen Prozesses sowohl für die Gattungsgeschichte des weltlichen Lieds wie für ein literarhistorisch angemessenes Verständnis des 14. Jahrhunderts mit seiner tiefgreifenden Umstrukturierung des literarischen Gattungssystems und seiner Erweiterung des Formeninventars lohnend zu sein. Dagegen bleibt die Frage nach den

---

2 Vor allem jene Frauenlieder, die von Liebesgewährung sprechen oder sie andeuten, stehen in erkennbarer Spannung zur dominanten Sprechsituation bei den Minneliedern. Auf dieses Problem hat Wachinger: Liebeslieder (Anm. 1) S. 24 hingewiesen; vgl. auch Wachinger: Deutsche Lyrik (Anm. 1) S. 623–625. Vgl. zur ersten Information die Auswahl von Ingrid Kasten: Frauenlieder des Mittelalters. Stuttgart 1990. (RUB 8630.)
3 Wachinger: Deutsche Lyrik (Anm. 1) S. 624.

möglichen Gründen für den Wechsel der Liedtypen, auch wenn hierzu gattungsinterne und gesellschaftliche Aspekte gelegentlich gestreift werden, ein Aufgabenfeld weiterer Forschungen.

Die Spurensuche setzt bei einer Allerweltsweisheit ein: Neues kann erst dann an die Stelle des Alten treten, wenn dessen Attraktivität und verpflichtende Gültigkeit zu schwinden beginnen. Das gilt auch für den Minnesang, der spätestens Mitte des 14. Jahrhunderts trotz der elaborierten Minnelieder Frauenlobs[4] und der in seinen Spuren gehenden fürstlichen Sängern im Osten[5] Deutschlands unverkennbar seine thematische Verbindlichkeit verliert. Ein beredtes Beispiel dafür ist der Freiherr Reinhart von Westerburg, der von Ludwig dem Bayern († 1347) dafür getadelt wurde, daß er vor dessen Reisegesellschaft ein Absagelied an die Dame vorgetragen hatte, aber kaiserliches Lob erntete, als er nach kurzer Zeit auf die Kritik mit einer herkömmlichen Minneklage antwortete. Man pflegte zwar noch den Minnesang, aber er wurde auf diese Weise zu einem unverbindlichen literarischen Spiel, da seine poetischen Chancen offenkundig ausgereizt waren.[6]

Für die schwindende Kraft des Minnesangs verweist man auch gerne auf die 'Große Heidelberger Liederhandschrift' (C) und auf die 'Weingartner Liederhandschrift' (B), weil man in diesen repräsentativen Textkodifikationen – zumindest rückblickend – eine abschließende Thesaurierung der Minnesangtradition in der ersten Hälfte des 14. Jahrhunderts sehen kann.[7] Diese retrospektive Einschätzung ist nicht völlig

---

4   Vgl. Susanne Köbele: Frauenlobs Lieder. Parameter einer literarhistorischen Standortbestimmung. Tübingen und Basel 2003. (Bibliotheca Germanica 43.)
5   Vgl. Johannes Janota: Orientierung durch volkssprachige Schriftlichkeit (1280/90–1380/90). Tübingen 2004. (Geschichte der deutschen Literatur von den Anfängen bis zum Beginn der Neuzeit III/1) S. 150f.
6   Vgl. Janota: Orientierung (Anm. 5) S. 162. Den Hergang berichtet Tilemann Elhen von Wolfhagen in seiner 'Limburger Chronik', hrsg. von Arthur Wyss. Hannover 1883. (MGH Deutsche Chroniken IV/1), Neudruck Dublin/Zürich 1973, S. 28f. (cap. 10). Vgl. auch Horst Brunner: Minnesangs Ende. Die Absage an die Geliebte im Minnesang. In: *Durch abenteuer muess man wagen vil*. Festschrift für Anton Schwob. Hrsg. von Wernfried Hofmeister und Bernd Steinbauer. Innsbruck 1997, S. 47–59; aktualisierter Wiederabdruck in Brunner: Annäherungen (Anm. 1) S. 158–172, hier S. 158f. und 170–172.
7   Vgl. etwa Thomas Cramer: Geschichte der deutschen Literatur im späten Mittelalter. München 1990. (Geschichte der deutschen Literatur im Mittelalter 3 = dtv 4553) S. 21f.: „Mit dem bewahrenden Rückgriff auf längst ver-

falsch und daher bei unseren Überlegungen zu berücksichtigen, aber sie vereinfacht über Gebühr: Immerhin ist in C auch rezenter Minnesang eingegangen (zu erinnern ist etwa an Johannes Hadlaub). Vor allem aber sahen sich die Sammler keinesfalls im Abendrot einer untergehenden Gattungstradition, sondern bemühten sich – mit Ansätzen, die bis zur Mitte des 13. Jahrhunderts zurückreichen – um eine Dokumentation vorbildgebender Dichterœuvres. Und tatsächlich reicht die Wirkkraft des Minnesangs – wenn auch deutlich vom Liebeslied beeinflußt – immerhin bis Oswald von Wolkenstein († 1445), so wie andererseits das Liebeslied zumindest bis zum Mönch von Salzburg trotz neuer Formgebung thematisch deutlich vom Minnesang beeinflußt ist – man denke nur an die 'Berliner Liederhandschrift' (mgf 922), die zwar erst um 1420 aufgezeichnet wurde, deren 86 Liebeslieder aber vielfach ins 14. Jahrhundert zurückreichen und das Formelinventar des Minnesangs aufgreifen.[8] Das zeitweilige Nebeneinander von Neuem und Altem ist ja (nicht nur) in der Literaturgeschichte die Normalität.

Im Blick auf die Thesaurierung des Minnelieds darf man also die beiden großen Sammlungen B und C nur bedingt als Zeugnisse für ein Verebben des Minnesangs werten, aber aus anderer Perspektive betrachtet, liefern sie wider Erwarten bemerkenswerte Hinweise auf gattungssystematische, auf formale und auf thematische Veränderungen, die zur Entstehung des deutschen Liebesliedes beitrugen und die auf diese Weise die schrittweise Ablösung vom Minnesang erkennen lassen. Natürlich hat man diese Phänomene als Besonderheiten innerhalb der Minnesangüberlieferung längst bemerkt, aber merkwürdigerweise blieben sie als Marksteine auf dem Weg zum Liebeslied bislang nahezu unbeachtet.

So liefern beide Minnesangsammlungen Indizien für eine einsetzende Umstrukturierung des literarischen Gattungssystems, die überhaupt erst eine Leerstelle schuf, in die dann das Liebeslied als eigener Gat-

---

gangene Literatur erbringt man gleichsam den literarischen Ahnennachweis. Ausschließlich diesem Bedürfnis verdanken wir die Überlieferung und damit unsere Kenntnis der Liedddichtung der Stauferzeit."

8 Zwischen Minnesang und Volkslied. Die Lieder der Berliner Handschrift germ. fol. 922. Hrsg. von Margarete Lang. Die Weisen bearbeitet von Müller-Blattau. Berlin 1941. (Studien zur Volksliedforschung 1.) Vgl. ²VL 1. 1978, Sp. 726f. (Helmut Lomnitzer) und Helmut Tervooren: Van der Masen tot op den Rijn. Ein Handbuch zur Geschichte der mittelalterlichen volkssprachlichen Literatur im Raum von Rhein und Maas. Berlin 2006, S. 145–147.

tungstyp eintreten konnte. Diese Veränderung schlägt sich in der Aufnahme der Winsbeckischen Spruchgedichte[9] sowohl in B wie in C nieder. Das scheint zunächst wenig spektakulär zu sein, da beide Handschriften auch sonst Sangspruchstrophen aufnehmen. Hier liegt aber ein anderer Sachverhalt vor, weil es sich dabei um vielstrophige Lehrgedichte handelt: um eine Vater-Sohn-Lehre mit 75 (C) bzw. 67 (B) Strophen und um einen Mutter-Tochter-Dialog mit 39 (C) bzw. 37 (B) Strophen, der vor allem Minnefragen erörtert.[10] Damit deutet sich eine für die Folgezeit entscheidende Weichenstellung an: Die Minnelehre und dann auch die Minnereflexion werden – was sich bereits bei den Lied-Sangspruch-Interferenzen bei Walther von der Vogelweide andeutete – zunehmend in den Sangspruch ausgelagert oder aber sie werden – im Blick auf den Umfang der Winsbeckischen Gedichte – an die (meist unstrophische, paargereimte) Minnerede delegiert, die im 14. und 15. Jahrhundert einen fulminanten Aufschwung erlebt.[11] Gleichsam als Bestätigung für diesen beginnenden Umschichtungsprozeß sehe ich die Aufnahme der 'Minnelehre' Johanns von Konstanz[12] und einer kurzen Minnerede ('Minneklage' I)[13] in die Sammlung B. Diese Symbiose wird sich weiterhin öfters finden: beim Minnelied (etwa bei Eberhard von

---

9   Vgl. ²VL 10. 1999, Sp. 1224–1231 (Frieder Schanze) und Repertorium der Sangsprüche und Meisterlieder des 12. bis 14. Jahrhunderts. Hrsg. von Horst Brunner und Burghart Wachinger. Bd. 5. Tübingen 1991, S. 568–574.
10 Dazu Ingeborg Glier: Artes amandi. Untersuchung zu Geschichte, Überlieferung und Typologie der deutschen Minnerede. München 1971. (MTU 34) S. 32–35.
11 Auf Querverbindungen zwischen dem Minnesang insbesondere des 13. Jahrhunderts und der Minnerede, die schließlich zur Verschiebung des Minnediskurses vom Minnelied hin zur Minnerede führten, weist nachdrücklich Glier: Artes amandi (Anm. 10) S. 26f. hin. Umfang und Vielfalt der neuen Gattung dokumentiert Tilo Brandis: Mittelhochdeutsche, mittelniederdeutsche und mittelniederländische Minnereden. Verzeichnis der Handschriften und Drucke. München 1968. (MTU 25.)
12 Die Minnelehre des Johann von Konstanz. Nach der Weingartner Liederhandschrift unter Berücksichtigung der übrigen Überlieferung. Hrsg. von Dietrich Huschenbett. Wiesbaden 2002. Vgl. auch ²VL 4. 1983, Sp. 660–662 (Ingeborg Glier).
13 Vgl. ²VL 6. 1987, Sp. 577f. (Walter Blank). Nach Huschenbett: Minnelehre (Anm. 12) S. XIV bilden 'Minnelehre' und 'Minneklage' I einen gemeinsamen Text; Huschenbett hat daher die 'Minneklage' im Anschluß an die 'Minnelehre' ediert.

Cersne)¹⁴ ebenso wie beim Liebeslied (etwa im Liederbuch der Clara Hätzlerin).¹⁵ Wie groß die Anziehungskraft der Minnerede bereits in der ersten Hälfte des 14. Jahrhunderts geworden ist, zeigt sich übrigens auch in Johannes Hadlaubs Lied Nr. 6,¹⁶ in dem der Werbende seine Dame bei einem Spaziergang vor der Stadt erblickt; denn das dem Minnesang fremde Spaziergangmotiv ist typisch für die Minnerede.

Hinter der Verschiebung des literarischen Gattungssystems, die sich hier punktuell andeutet, steht allem Anschein nach ein Bedürfnis, anders als bislang über Liebe zu reden. Denn die Engführung des Minnelieds auf die Rolle eines Liebenden und auf seine einseitige, nahezu hoffnungslose Werbung hatte zwar ein beachtliches Repertoire poetischer Möglichkeiten eröffnet, sie scheint aber im 14. Jahrhundert als etwas Künstliches erkannt worden zu sein, aus dem sich keine neuen poetischen Optionen mehr gewinnen ließen. Aus diesem Grund tritt die Werbungskonstellation in der Minnerede deutlich zurück. Sie bot jedoch andererseits mehr Raum, um aus unterschiedlichen Perspektiven diskursiv über Liebe zu sprechen. Dabei zeigt sich eine unverkennbare Annäherung an die Lebenswirklichkeit, wie sie für die Literatur des 14. Jahrhundert charakteristisch ist. Diesen lebensweltlichen Ansprüchen blieb das artifizielle Modell des Minnelieds weitgehend verschlossen, die Minnerede hingegen stand diesen Anforderungen gegenüber völlig offen, weil sie – anders als das Minnelied – in diesem Punkt nicht an traditionelle Vorgaben gebunden war. In diesen Zusammenhängen sehe ich entscheidende Gründe für die Verschiebung des literarischen Gattungssystems im hier diskutierten Bereich.

Mit dem traditionellen Minnelied und der neuen Form der Minnerede verfügte der Hof als literarischer Ort laikaler Didaxe ab der ersten Hälfte des 14. Jahrhunderts nunmehr über zwei Gattungsformen zur Gestaltung des Minnediskurses.¹⁷ Dabei entfaltete die Minnerede rasch eine Faszinationskraft, mit der sie bald die bisherige Attraktivität des

---

14 Vgl. ²VL 2. 1980, Sp. 269–273 (Ingeborg Glier) und Elisabeth Hages-Weißflog: Die Lieder Eberhards von Cersne. Edition und Kommentar. Tübingen 1998. (Hermaea NF 84) S. 17–26.

15 Vgl. ²VL 3. 1981, Sp. 547–549 (Ingeborg Glier). Zu den Minnereden in der 'Berliner Liederhandschrift' vgl. Glier: Artes amandi (Anm. 10) S. 279–283.

16 Die Schweizer Minnesänger. Nach der Ausgabe von Karl Bartsch neu bearbeitet und hrsg. von Max Schiendorfer. Bd. 1: Texte. Tübingen 1990, S. 323f.

17 Der Roman als traditionelle Gattung neben dem Minnesang leistete dafür nach ca. 1340 nur mehr auf rezeptiver Ebene einen Beitrag, weil er ab diesem Zeitpunkt bis ins 15. Jahrhundert verstummte.

Minneliedes überflügelte. Das hängt nicht nur mit der Neuheit dieses Gattungstyps zusammen, sondern verdankt sich auch mit Sicherheit dem hohen Ansehen der Reimpaarrede, die in ihrer Offenheit für unterschiedlichste Themenbereiche zu einer literarischen Leitgattung des 14. Jahrhunderts avancierte[18] und die zur diskursiven Auseinandersetzung mit komplexen Sachverhalten durch ihre formale Anspruchslosigkeit wie durch ihre quantitative Ungebundenheit[19] (abgesehen von der Prosa) bestens geeignet war. Damit eröffneten sich im Typ der Minnerede neue Möglichkeiten zur Gestaltung und Ausdifferenzierung des Minnediskurses, der im Minnesang mit seinen vorgegebenen Strophen- bzw. Liedmodellen und -typen erheblich strenger reglementiert war. Das Modell der Minnerede erlaubte neue Ausformungen der Ich-Rolle, die Einbettung der Reden in Traum und Spaziergang führte nicht nur zu neuartigen Formen der Inszenierung, sondern auch zu oszillierenden Verschränkungen zwischen Fiktion und vorgespiegelten Realitätssegmenten, Personifikationen und Allegorien förderten die Intellektualisierung des Minnediskurses, die der Minnesang zu dieser Zeit nur noch ausnahmsweise erreichte oder (vor allem durch Frauenlob) überbot. Und nicht zuletzt trug die Verknüpfung des Minnediskurses mit Handlungsmodellen dazu bei, daß sich die Minnerede gegenüber den abstrakten Reflexionen des Minnelieds, aber ebenso gegenüber seinem im 13. Jahrhundert zunehmenden Formalismus[20] wachsender Beliebtheit erfreute. Mit dieser Neubelebung des höfischen Minnediskurses stand

---

18 Vgl. Janota: Orientierung (Anm. 5) S. 269–355.
19 Der Wunsch nach einem gegenüber dem Minnelied erweiterten diskursiven Rahmen zeigt sich auch in der Zunahme des Minneleichs während des 13. Jahrhunderts. Durch seinen artifiziellen Anspruch, der im 14. Jahrhundert von der meisterlichen Liedkunst übernommen wurde, konnte er jedoch nie zu einem ernsthaften Konkurrenten für das Minnelied werden. Im vorliegenden Zusammenhang dagegen ist die thematische Annäherung an die Minnerede aufschlußreich. Vgl. dazu Ingeborg Glier: Der Minneleich im späten 13. Jahrhundert. In: Werk – Typ – Situation. Studien zu poetologischen Bedingungen in der älteren deutschen Literatur. Hrsg. von Ingeborg Glier, Gerhard Hahn, Walter Haug und Burghart Wachinger. Stuttgart 1969, S. 161–183; Glier stellt dabei „eine Art typologischer Gratwanderung zwischen Leich und Rede" fest (S. 182).
20 Vgl. Hugo Kuhn: Minnesangs Wende. 2., vermehrte Auflage. Tübingen 1967 (Hermaea NF 1); Jürgen Kühnel: Zum deutschen Minnesang des 14. und 15. Jahrhunderts. In: Deutsche Literatur des Spätmittelalters. Ergebnisse, Probleme und Perspektiven der Forschung. Greifswald 1986. (Deutsche Literatur des Mittelalters 3) S. 86–104.

der literarischen Elite also in der Minnerede eine attraktive literarische Form zur Verfügung, die durch ihr gleichfalls codiertes Sprechen über die Liebe ebenso wie zuvor der Minnesang geeignet war, sich weiterhin gesellschaftlich von anderen Schichten abzugrenzen. Daran ändert auch der geradezu rasante Erfolg der Minnerede nichts, der – gefördert durch die einfache Formgebung und durch eine unverkennbare Stereotypie des Motivrepertoires – bald zu einer massenhaften Produktion führte, so daß sich nicht unberechtigt die Frage nach der Konventionalisierung und sogar Trivialisierung dieses Redentyps stellt.[21] Selbst in dieser Ausmünzung diente die Minnerede als literarisch angemessene Form des Minnediskurses aber noch zur „kommunikativen Selbstvergewisserung"[22] beim höfischen und städtischen Publikum.

Die skizzierte Verschiebung des literarischen Gattungssystems zu Gunsten der Minnerede und auf Kosten des Minnelieds schuf mit der Zeit einen Leerraum, der durch eine neue Liedgattung zu besetzen war, wenn man in höfischen Kreisen der neuen Art über Liebe zu sprechen auch im Lied Geltung verschaffen wollte. Um sich dabei vom traditionellen Minnelied deutlich erkennbar abzuheben, mußte das Liebeslied neuer Art thematisch, formal und funktional neu ausgerichtet sein, um die entstandene Lücke im literarischen Gattungssystem erfolgreich schließen zu können.

Das Bemühen um thematische Neuerungen zeichnet sich bereits ab der zweiten Hälfte des 13. Jahrhunderts im Minnesang ab und verstärkt sich deutlich in der ersten Hälfte des 14. Jahrhunderts. Offenkundig wollte man auf diese Weise dem Minnelied, das (hier wie immer von Ausnahmen abgesehen) im Konventionellen und Formalistischen zu erstarren drohte, wieder zu seiner früheren Attraktivität verhelfen. Dabei fällt auf und scheint wohl kein Zufall zu sein, daß sich einige dieser Tendenzen (etwa die einer Episierung) auch in der konkurrierenden Minnerede finden. Wiederum liefert C dafür aufschlußreiche Bele-

---

21 Vgl. dazu Ludger Lieb: Eine Poetik der Wiederholung. Regeln und Funktionen der Minnerede. In: Text und Kultur. Mittelalterliche Literatur 1150–1450. Hrsg. von Ursula Peters. Stuttgart/Weimar 2001. (Germanistische Symposien. Berichtsbände 23) S. 506–528 und den Sammelband (mit weiteren Literaturnachweisen): Triviale Minne? Konventionalität und Trivialisierung in spätmittelalterlichen Minnereden. Hrsg. von Ludger Lieb und Otto Neudeck. Berlin/New York 2006. (Quellen und Forschungen zur Literatur- und Kulturgeschichte 40.)
22 Lieb/Neudeck: Triviale Minne? (Anm. 21) S. 11.

ge, die sich für unsere Fragestellung unter zwei Aspekten bündeln lassen: die Biographisierung und eine Annäherung an die Lebenswelt.

Biographisierung

Unter dem Begriff der 'Biographisierung' fasse ich jene Minnelieder, die mit Realitätssplittern aus dem Umfeld des Autors angereichert werden und auf diese Weise eine Privatisierung der Liedtexte ermöglichen, die jedoch so fest im Fiktionalen verankert bleiben, daß sie nicht oder bestenfalls nur ansatzweise als autobiographische Quellen verstanden werden dürfen. Bereits Neidhart hatte diesen Weg in der ersten Hälfte des 13. Jahrhunderts mit durchschlagendem Erfolg beschritten, indem er die Sängerrolle mit vorgeblich biographischen Zügen inszenierte, das Werbungsritual episierte und das im Lied vorgestellte Geschehen gleichsam geschichtlich verortete; Ulrich von Liechtenstein andererseits inkorporierte seine Minnelieder um 1250 in den epischen Rahmen seines autobiographisch inszenierten 'Frauendienstes'. Neu an den späten C-Liedern ist dagegen, daß historisierende und biographisierende Elemente jetzt in das traditionelle Minnelied selbst eingebracht werden. Ein paar Hinweise sollen das kurz verdeutlichen.[23]

Konrad von Landeck flicht in sein Lied Nr. 5[24] die Belagerung von Wien (1276) durch König Rudolf I. ein: *Der vil süezzen, der ich diene, / singe ich disen sang von Wiene.* Während Rudolf *bedenket des rîches nôt*, gedenkt Konrad an *ir mündel rôsenrôt* (V, 4–10). Dadurch wird der seit Hausen bekannte Typ „Lied aus der Ferne" und Neifens Standardmotiv „roter Mund" historisierend privatisiert: Das Lied kann so letztlich nur von Konrad für seine *süezze* authentisch gesungen werden. Etwas verdeckter und zugleich literarisch raffinierter läßt der streitbare Kriegsheld Wernher von Hohenberg, der 1310 König Heinrich VII. bei dessen Italienfeldzug unterstützte, seine Lebenswirklichkeit in einigen Liedern anklingen: So erhält eine konventionelle Formulierung wie *ich fürcht, ez tuo mir den tôt* (Lied Nr.7, II, 9)[25] als Ausdruck des erfolglosen Minnedienstes aus dem Munde eines Kriegshelden, der den Tod im Waffengang nicht scheut, aber im Minnedienst befürchtet, mit Blick auf

---

23 Zu den nachfolgenden Beispielen vgl. auch Janota: Orientierung (Anm. 5) S. 148–150 und 155–159.
24 Schweizer Minnesänger (Anm. 16) S. 169–171.
25 Ebd., S. 14f.

Wernhers Lebenswelt eine deutlich individuelle Einfärbung. Sie findet sich auch im Lied Nr. 8,[26] wenn der im Kampf Furchtlose sich davor fürchtet, seiner Dame zu bekennen, *wie sî betwinget mir den lîb* (I, 4). Ganz singulär im Minnesang schließlich bleibt es, wenn Wernher in Lied Nr. 6[27] den Ehemann seiner Geliebten verflucht, weil dieser ohne Dienst genießen könne, obwohl er nicht wert sei, *daz er laeg ûf reinem strou* (II, 2), während der Werbende ungelohnt bleiben müsse. Auch wenn dieses Motiv der Trobadorlyrik entlehnt sein mag, die Wernher in der Lombardei kennenlernen konnte, führt dieser lebensweltliche Konflikt zwischen Ehemann und Liebhaber zumindest an die Grenzen des Minnesangs.

Am bekanntesten sind die Biographisierungen und Historisierungen, zu denen auch die Verknüpfung der Lieder zu einem kleinen lyrischen Liebesroman beiträgt, in den sogenannten Romanzen Johannes Hadlaubs († vor 1340). Was sich in den eben angeführten Beispielen als lebensweltlicher Bezug nur andeutete, liegt hier offen zutage, weil sich Hadlaub dabei als Werbender teilweise von illustren Persönlichkeiten des Zürcher Literaturzirkels assistieren läßt.[28] Bemühten sich Rüdiger II. Manesse und sein Sohn Johannes, die Initiatoren der Handschrift C, mit ihrer Sammeltätigkeit das Fortbestehen des Minnesangs dokumentierend zu sichern,[29] so versuchte Hadlaub mit der historisierenden Verortung seiner Erzähllieder, dem tradierten Minnesang neues Leben einzuhauchen. Eine solche Personalisierung des konventionellen Minneliedmodells, die sich an der Wende vom 14. zum 15. Jahrhundert noch bei Hugo von Montfort und Oswald von Wolkenstein findet,[30] war als literarisches Spiel zwar apart, aber es beschnitt dem Minnelied

---

26 Schweizer Minnesänger (Anm. 16) S. 15.
27 Ebd., S. 13f.
28 Ebd., Nr. 1 (S. 313–315), 2 (S. 316–319), 4–6 (S. 320–324). Vgl. auch Volker Mertens: Liebesdichtung und Dichterliebe. Ulrich von Liechtenstein und Johannes Hadlaub. In: Autor und Autorschaft im Mittelalter. Hrsg. von Elizabeth Andersen, Jens Haustein, Anne Simon und Peter Strohschneider. Tübingen 1998, S. 200–210; Ders.: 'Biographisierung' in der spätmittelalterlichen Lyrik. Dante – Hadloub – Oswald von Wolkenstein. In: Kultureller Austausch und Literaturgeschichte im Mittelalter. Hrsg. von Ingrid Kasten, Werner Paravicini und René Pérennec. Sigmaringen 1998. (Francia. Beiheft 43) S. 330–344.
29 Vgl. Hadlaubs Preislied Nr. 8 – Schweizer Minnesänger (Anm. 16) 325f. – auf die beiden Manesse: *sang dâ man dien frowen wolgetân / wol mitte kan / ir lob gemêren / den wollten sî nit lân zergân* (II, 9–11).
30 Vgl. Brunner: Liebeslied (Anm. 1) S. 134f.

seine Breitenwirkung, weil es bei den Hörern Kenntnisse voraussetzte, die in der Regel nur im unmittelbaren Umkreis des Autors vorhanden waren. Aus gutem Grund hat daher das Liebeslied diesen Weg – sieht man von den jederzeit austauschbaren Namensinitialen der besungenen Geliebten und von den Widmungsakrosticha ab, die nur beim Lesen zur Geltung kamen – nicht weiterverfolgt.

Hinwendung zur Lebenswelt

Gleichwohl scheint mir die fallweise Personalisierung und Privatisierung des Minnelieds für die Entstehung des Liebeslieds wichtig zu sein. Denn sie bedeutet – und damit komme ich zum zweiten Aspekt bei den Neuerungen des jüngeren Minnelieds – eine Hinwendung zur Lebenswirklichkeit, die sich nicht – wie beim traditionellen Minnesang – in einem modellbedingt erfolglosen Werben erschöpft, sondern – wie im Liebeslied – auf die Vereinigung der Liebenden und auf eine dauerhaft erfüllte Liebesbindung zielt, mit der nach der Etablierung des Liebesliedes neuer Art der gesellschaftliche Rahmen der Ehe immer deutlicher in den Blick rückt. Um diesem Bedürfnis zu genügen, setzt das Liebeslied an die Stelle der Personalisierung einerseits eine (fingierte) Subjektivierung, bei der die Umworbene nicht in einer distanzschaffenden Sie-Rolle, sondern im vertrauten Du angesprochen wird, andererseits favorisiert das Liebeslied fast durchgehend die Anonymität auch des Autors, damit auf diese Weise die Liedtexte jeden und jede als unmittelbare Eigenerfahrung ansprechen können.

Wiederum finden sich in den jüngeren Liedern von C Hinweise darauf, daß man versuchte, das eingefahrene Modell des ungelohnten Liebesdienstes um den Aspekt der Liebeserfüllung zu erweitern. Hauptzeuge soll uns wiederum Hadlaub sein, unter dessen 51 Liedern sich auch drei Erntelieder (Nr. 22, 24, 43)[31] finden, die zwar zeitlich (Ernte) wie vor allem räumlich (Dorf) an die Neidhart-Tradition anschließen, die aber fern der Neidhartschen Dörperwelt und in Abhebung vom ewig ungelohnten Dienst des Minnelieds den Liebesgenuß als eine Gegenwelt feiern, in der die Ernte erfolgreich eingefahren werden kann. Dazu stellt sich auch Hadlaubs Nachtlied (Nr. 51)[32], das als Gegenstück zum bekannten Tagelied mit seiner Thematisierung des Abschieds-

---

31 Schweizer Minnesänger (Anm. 16) S. 345f.; 348f. und 370–372.
32 Ebd., S. 380–382.

schmerzes am Morgen nach gemeinsam verbrachter Liebesnacht von der Vorfreude eines Liebhabers auf das Beilager mit seiner willigen Geliebten handelt. Sicherlich ist dies ein kokettes Spiel mit dem etablierten Minnelied und seinem ungelohnten Dienst, aber zugleich auch ein Vorstoß zu mehr Lebensnähe in der Liebeslyrik während der ersten Hälfte des 14. Jahrhunderts. Das gilt auch für Heinrich Hetzbold von Weißensee, der zu dieser Zeit mit Formulierungen wie *mîn zertel* (Lied Nr. III, 1, 3)[33] oder *trût herzen trûtken*, dessen *mündel vreche* sich formt, *als ez viunviu spreche* (also die Lippen wie zum Kuß gerundet),[34] über seine offenkundige Schulung an Morungen hinaus eine Körpernähe imaginiert, die auf das Liebeslied vorausweist.

Im Gegensatz zu diesen ganz unterschiedlichen, aber in ihrer Häufung aufschlußreichen Ausgriffen auf die Lebenswelt scheint das Tagelied nur mittelbar an der Ausformung des Liebesliedes mitgewirkt zu haben, obwohl es der einzige Liedtyp ist, dessen Tradition über den Minnesang hinaus weiterläuft. Natürlich lenkt das Tagelied mit dem Genuß nächtlicher Liebesfreuden als seinem Hintergrund gegenüber dem ungelohnten Werben der Minnekanzone den Blick verstärkt auf Lebensrealität, aber es darf nicht verkannt werden, daß der Liebesgenuß nur inszeniert wird, um auch hier Klage zu intonieren: dem Schmerz der unerhörten Werbung steht hier der Abschiedsschmerz der Liebenden gegenüber, deren Verbindung keine Dauer geschenkt ist. Diese Vorstellung aber widerspricht dem Konzept des Liebesliedes, das in seiner endgültigen Ausprägung eine dauernde und schließlich eheliche Liebesbindung zum Horizont hat, auch wenn die Herzen der Liebenden schließlich nicht zueinanderfinden und sich deswegen trennen müssen. Dies dürfte auch der Grund dafür sein, daß beim Liebeslied nur zurückhaltend auch auf das Tagelied zurückgegriffen wurde: Erst der Liederbuchteil der Prager Hätzlerin-Handschrift (geschrieben 1471) bringt neben den Liebesliedern eine umfangreiche Sammlung von Tageliedern. Einen Vorklang des neuen Konzepts meint man dagegen in den 13 Minneliedern des Magisters Heinrich Teschler (bis 1301 in Zürich belegt) zu vernehmen,[35] in deren Mitte ein Tagelied (Lied 7) steht. Die Lieder davor beschreiben ein Minnewerben, das wegen Nichterhörens der Dame zum Bruch führt. In den sechs Liedern nach dem Tagelied wird der Minnedienst schließlich erhört. Mit der Anrede *Lieb* (als Stro-

---

33 KLD I, S. 149.
34 Ebd., S. 151, Lied Nr. VII.
35 Schweizer Minnesänger (Anm. 16) S. 241–255.

phenanapher) und dem Wechsel zum vertrauten Du[36] formuliert das Schlußlied ein Treueversprechen, das auf Gegenseitigkeit baut und die Forschung zeitweise dazu verführte, die Dame des zweiten Teilzyklus mit Teschlers Ehefrau Adelheid zu identifizieren – ein Fehlschluß zwar, der aber die Wirkmächtigkeit eines auf Lebensrealität zielenden Liedkonzepts aufschlußreich vor Augen führt, das später in den Liebesliedern verwirklicht wird.

Aus dem eben genannten Grund war auf inhaltlicher Ebene auch der Einfluß des mittellateinischen Liebesliedes in strophischer Form, wie wir es aus der 'Carmina Burana'-Sammlung kennen, bei der Entstehung des deutschen Liebesliedes neuer Art nach meiner Einschätzung denkbar gering. Einer auf Ausschließlichkeit und Dauer angelegten Liebes- und Lebensgemeinschaft hier stand dort die Feier des freien Liebesgenusses gegenüber. Kennzeichnend dafür ist der Wunsch in CB 172, 3,3f., „das eben erwähnte Mädchen solle keine Nachforschungen über die Identität des Mannes (= Liebhabers) anstellen" (*non uiri noticiam / rimetur prenotata*).[37]

Etwas anders könnte es sich – und damit kommen wir auch zur neuen Formgebung des deutschen Liebeslieds – mit den mittellateinischen „Liedern geselliger Liebe"[38] verhalten, bei denen nicht eine persönliche Liebesbeziehung im Mittelpunkt steht, sondern zur Förderung geselliger Unterhaltung die Freuden des Frühlings und der Liebe, der Jugend und des Tanzes besungen werden.[39] Bei diesen Evokationen allgemeiner Erfahrungen tritt die Sängerrolle zugunsten verbindender Geselligkeit

---

36 Schweizer Minnesänger (Anm. 16) S. 254: *Lieb, du hâst mich gar gewert: / swaz liebe ich hân ze dir gegert, / des hâst du dich durch mich verwegen* ['entschlossen'] (13, I, 1–3).

37 Carmina Burana. Texte und Übersetzungen. Mit den Miniaturen aus der Handschrift und einem Aufsatz von Peter und Dorothea Diemer. Hrsg. von Benedikt Konrad Vollmann. Frankfurt a. M. 1987. (Bibliothek des Mittelalters 13 = Bibliothek deutscher Klassiker 16) S. 563.

38 Vollmann: Carmina Burana (Anm. 37) S. 1125; Wachinger: Dt.-lat. Liebeslieder (Anm. 39) S. 302 spricht von Liedern zur „geselligen Betrachtung der Liebe".

39 Vgl. Burghart Wachinger: Deutsche und lateinische Liebeslieder. Zu den deutschen Strophen der Carmina Burana. In: Der deutsche Minnesang. Aufsätze zu seiner Erforschung. Hrsg. von Hans Fromm. 2. Bd. Darmstadt 1985. (WdF 608) S. 275–308, hierzu S. 291.

zurück, die sich in den lateinischen Liebesliedern mit Refrain[40] dadurch verwirklichte, daß die Zuhörer/innen in den einfachen Kehrreim einstimmen konnten. Eine vergleichbare Liedpraxis mit entsprechenden Liedformen findet sich später ebenfalls beim deutschen Liebeslied, das mit wiederkehrenden Liedteilen zum chorischen Mitsingen einlud und so zur Geselligkeit beitrug. Damit unterschied sich das Liebeslied formal und funktional vom Minnelied, das auf den solistischen Vortrag eines Sängers hin angelegt war. Zwar gibt es zahlreiche Liebeslieder ohne Kehrreime, die offenkundig ebenfalls für einen Solovortrag bestimmt waren, aber die prinzipielle Offenheit des Liebeslieds neuer Art für chorische Liedteile wie für Mehrstimmigkeit bezeichnet eine unübersehbare formale und funktionale Differenz zwischen dem Minnelied und dem Liebeslied. Anregungen zu dieser spezifischen Ausformung mögen aus klerikalem Umfeld von den mittellateinischen Refrainliedern stammen, es könnte aber ebenso die unterliterarische Liedtradition (etwa dörfliche und städtische Tanzlieder),[41] von der wir aus dieser Zeit allerdings praktisch keine Zeugnisse besitzen, zur Ausbildung dieser neuen Liedform beigetragen haben. Einflüsse durch Minnelieder mit Refrain auf die neue Formgebung beurteile ich dagegen vorderhand im Blick auf das sängerorientierte Konzept des Minnesangs eher skeptisch, obwohl die häufigere Verwendung von Refrains in Minneliedern ab der zweiten Hälfte des 13. Jahrhunderts (Steinmar, Ulrich von Winterstetten) bestens zu unseren Überlegungen paßte.[42]

Rezeption französischer Strophenmodelle

Im Gegensatz zu diesen Vermutungen betreten wir mit einer anderen Formentradition, die ebenfalls im Dienst des geselligen Singens stand, sicheren Boden. Es handelt sich dabei um die Rezeption französischer

---

40 Johannes Janota: Zum Refrain in den lateinisch-deutschen Liebesliedern des Codex Buranus. In: Vom Mittelalter zur Neuzeit. Festschrift für Horst Brunner. Hrsg. von Dorothea Klein. Wiesbaden 2000, S. 211–226.
41 Vgl. Wachinger: Deutsche Lyrik (Anm. 1) S. 626; ders.: Liebeslieder (Anm. 1) S. 16.
42 Vgl. Renate Hauser: Spiel mit dem Identischen. Studien zum Refrain deutschsprachiger lyrischer Dichtung des 12. und 13. Jahrhunderts. In: Sprache – Text – Geschichte. Hrsg. von Peter K. Stein. Göppingen. 1980. (GAG 304) S. 281–384.

Strophenmodelle, die in der Romania bereits seit dem 13. Jahrhundert als *formes fixes* bekannt waren: *rondeau, ballade* und *virelai*,[43] die alle mit (unterschiedlichen Formen) des Refrains verbunden sind und ehemals als Tanzlieder gleichfalls zum geselligen Singen mit einem Wechsel zwischen dem Solo des Vorsängers und dem antwortenden Chor der Beteiligten gedacht waren. Die große Zahl von Liebesliedern mit der Formgebung des *virelai* bzw. der *ballade* im Œuvre des Mönchs von Salzburg läßt vermuten, daß bei der Entstehung des neuen Liebesliedes von diesen in Deutschland neuen Strophen- und Liedformen (einschließlich des *rondeau*) wichtige, wenn nicht sogar entscheidende Anregungen ausgingen.[44]

Die Spuren dieser neuen Formgebung lassen sich im deutschsprachigen Literaturraum bis ins letzte Drittel des 13. Jahrhunderts zurückverfolgen. Nochmals ist uns dafür die Handschrift C ein wichtiger Zeuge, die von Herzog Jan I. von Brabant († 1294) nicht weniger als fünf Virelais als Unikate in dieser umfangreichsten Minnesangsammlung überliefert.[45] Es spricht daher viel dafür, daß die intensiven französischen Lite-

---

43 Vgl. Jacqueline Cerquiglini: Le Rondeau. In: La littérature française aux XIVe et XVe siècles. Tome 1. Directeur: Daniel Poirion. Heidelberg 1988. (GRLM VIII/1) S. 45–58 und Henrik Heger: La Ballade et le Chant Royal. In: Ebd., S. 59–69; Friedrich Gennrich: Grundriß einer Formenlehre des mittelalterlichen Liedes als Grundlage einer musikalischen Formenlehre des Liedes. Halle 1932. Nachdruck mit einem Vorwort zum Nachdruck von Werner Bittinger. Darmstadt 1970 und den Überblick von Manfred Tietz: Die französische Lyrik des 14. und 15. Jahrhunderts. In: Die französische Lyrik. Hrsg. von Dieter Janik. Darmstadt 1987. (Grundriß der Literaturgeschichten nach Gattungen) S. 109–177. Vgl. auch Ulrich Mölk und Friedrich Wolfzettel: Répertoire métrique de la poésie lyrique française des origines à 1350. München 1972.
44 Vgl. Christoph März: Die weltlichen Lieder des Mönchs von Salzburg. Texte und Melodien. Tübingen 1999. (MTU 114) S. 19–30 (mit differenzierter Zusammenfassung des Forschungsstandes).
45 Vgl. ²VL 4. 1983, Sp. 544f. (Paul B. Wessels) und Frank Willaert: *Dw welt dw ist an allen orten reinisch*. Über die Verbreitung zweier rheinischer Liedgattungen im Spätmittelalter. In: ZfdPh 108. 1989. Sonderheft: Literatur und Sprache im rheinisch-maasländischen Raum zwischen 1150 und 1450. Hrsg. von Helmut Tervooren und Hartmut Beckers, S. 156–171 (mit zahlreichen Literaturnachweisen), zu Jan von Brabant S. 163–167. Es handelt sich um die Lieder I, VI–IX; vgl. die neuere Ausgabe von Jan Goossens und Frank Willaert: De Liederen van Jan I. Diplomatische editie. In: Queeste 10. 2003, S. 115–126. Vgl. auch die Hinweise bei Frank Willaert: Sang-

raturkontakte zwischen Maas und Rhein zu einer Adaptation der *formes fixes* für das Liebeslied neuer Art führten. Vom Niederrhein aus scheint dann diese neue Liedform in der ersten Hälfte des 14. Jahrhunderts bis zum Bodensee gewandert zu sein. Für eine solche „rheinische Schiene"[46] sprechen die drei *rondeau*-Zitate, die Mitte des 14. Jahrhunderts vom Limburger Notar Tilemann Elhen in seiner 'Limburger Chronik' aufgezeichnet wurden.[47] Trotz ihrer Unvollständigkeit lassen sich insbesondere am dritten Beleg (S. 53) die Liedform und der Wechsel zwischen solistischen und chorischen Vortragsteilen gut ablesen:

Item in disen geziden da sang man unde peif dit lit unde widergesenge ['Refrains']:

'Ich wel in hoffen leben vort,
ob mir it heiles moge geschehen
von der livesten frauwen min.
Spreche si zu mir ein fruntlich wort,
so solde truren von mir flihen.'

Responsorium:

'Ich wel in hoffen' etc.

'Ir gunste i mit heile bekorte.
Ach Got, daz ich si solde sehen.'

Responsorium:

'Ich wel in hoffen leben' etc.

Gleichzeitig wird an diesem Beispiel der Übergangszeit deutlich, wie sich neue Liedform und herkömmliche Diktion des Minnelieds verbinden. Ähnliches läßt sich am *virelai* Konrads von Bickenbach beobach-

---

    sprüche in den Niederlanden? Die Unsichtbarkeit einer Gattung und deren Bedeutung für die Geschichte der mittelniederländischen Lyrik. In: Sangspruchdichtung. Gattungskonstitution und Gattungsinterferenzen im europäischen Kontext. Hrsg. von Dorothea Klein zusammen mit Trude Ehlert und Elisabeth Schmid. Tübingen 2007, S. 55–76.

46 Sie wird am entschiedensten von Frank Willaert: *Dw welt* (Anm. 45) vertreten; zu seinen zahlreichen Beiträgen hierzu vgl. die bibliographischen Nachweise bei Tervooren: Van der Masen (Anm. 8) S. 382f. Willaerts Standpunkt relativiert März: Weltliche Lieder (Anm. 44) S. 28–30.

47 Wyss: Limburgische Chronik (Anm. 6) S. 37 (cap. 23: um 1351), 45 (cap. 41: um 1355) und 53 (cap. 67: zwischen 1362/65); vgl. dazu Willaert: *Dw welt* (Anm. 44) S. 157f. und 161.

ten, das in der verschollenen Liederhandschrift X stand.[48] Diese wurde um 1340 wahrscheinlich in Konstanz geschrieben, aber da Konrads Stammburg südlich von Darmstadt lag, dürfte es sich um einen mittelrheinischen Import handeln.

Dieser rheinische Überlieferungsweg[49] ist jedoch nicht der einzige und nicht einmal der im 14. Jahrhundert am besten bezeugte. Daneben gab es insbesondere in Süddeutschland unmittelbare Kontakte zu den romanischen Vorbildern. Das markanteste Beispiel ist der Salzburger Hof mit der Autor-Chiffre des Mönchs als dessen musikalisch-literarischem Kristallisationspunkt: Er empfing für die neue Liedform offenkundig wichtige Impulse vom Prager Hof des Königs Johann von Böhmen († 1346), mit dem der Salzburger Bischofshof bereits vor der literarisch-musikalischen Schaffenszeit des Mönchs in enger Verbindung stand und an dem Guillaume de Machaut zwischen etwa 1323 und 1331 als der zeitgenössische Meister der *formes fixes* wirkte.[50]
Am breitesten ausgebaut ist jedoch ein dritter Vermittlungsweg, der sogar direkt in die Romania, vor allem zum päpstlichen Hof nach Avignon führt.[51] Dort hielt sich seit 1362 der nachmalige Salzburger Erzbischof Pilgrim II. auf (an dessen Hof dann der Kreis um den Mönch von Salzburg wirkte), um das Kirchenrecht zu studieren, bis ihn die päpstliche Kurie 1365 gegen den Widerstand des Domkapitels als Erzbischof in Salzburg durchsetzte. Dort konnte Pilgrim die neuen Formen der Liedkomposition kennengelernt haben, deren Attraktivität durch seine Beziehungen zum kunstsinnigen Prager Hof[52] so gesteigert wurden, daß sie im produktiven und teilweise wegweisenden Liedschaffen des Mönchs von Salzburg und seines Umkreises mündeten.[53] Der innovative direkte Kontakt zu Frankreich läßt sich jedoch mit dem

---

48 Vgl. Frieder Schanze: Zur Liederhandschrift X. In: Deutsche Handschriften 1100–1400. Hrsg. von Volker Honemann und Nigel F. Palmer. Tübingen 1988, S. 316–329; Abdruck des Liedes S. 317f.
49 Dazu gehört auch das *virelai* in der Berliner Handschrift Mgq 284, Bl. 63ʳ–64ʳ, die Mitte des 14. Jahrhunderts im Kölner Raum entstanden ist; auf dieses Zeugnis hat Willaert: *Dw welt* (Anm. 45) S. 166 hingewiesen.
50 Vgl. März: Weltliche Lieder (Anm. 44) S. 21–25.
51 Vgl. dazu auch März: Weltliche Lieder (Anm. 44) S. 4f. und 29.
52 Vgl. Nigel Wilkins: A Pattern of Patronage: Machaut, Froissart and the House of Luxemburg and Bohemia in the Fourteenth Century. In: French Studies 37. 1983, S. 257–281.
53 Vgl. Janota: Orientierung (Anm. 5) S. 165.

späteren Mainzer Domdekan (ab 1346) Rudolf Losse noch früher belegen, denn er studierte schon 1328 in Montpellier und hielt sich auch in Avignon auf. Zugleich führt auch bei ihm eine Spur nach Prag: Im Auftrag des Mainzer Erzbischofs Baldewin (der zur Linie der Luxemburger gehörte) wirkte er im Hintergrund an der Wahl des Luxemburgers Karl IV. als deutschen König (ab 1346) mit.[54] Von Losse stammt eine um 1340 aufgezeichnete Sammlung lateinischer und deutscher Poemata, die abgesehen von der Rezeption französischer Liedformen (drei deutsche *rondeaux* und ein lateinisches Lied in der Gestalt eines *virelai*) im deutschsprachigen Teil[55] auch darüber hinaus unsere bisherigen Beobachtungen glänzend bestätigt: Er umfaßt fünf Minnereden, drei Sangsprüche und fünf Minnelieder, die thematisch durchaus der Minnesangtradition verpflichtet sind, aber in dieser Zeit bereits dreimal auch die Form des *rondeau* aufgreifen.[56] Diese Übergangsphase markieren weiterhin recht deutlich zwei um 1348 aufgezeichnete Refrainlieder mit Kenntnis der *virelai*-Form[57] des Augsburger Kanonikus Heinrich von Beringen,[58] der sich 1323 in Bologna – also ebenfalls in der Romania – aufgehalten hatte. Innerhalb seines schmalen Œuvres von nur drei Liedern wird hier der Wandel vom traditionellen Minne- zum modernen Liebeslied besonders augenfällig. Schließlich ist aus der Reihe der frühen Belege das *virelai* Leopolds III. von Österreich an Viridis Visconti zu nennen, die er 1365 ehelichte.[59]

---

54 Vgl. Janota: Orientierung (Anm. 5) S. 146f. und 162; ²VL 5. 1985, Sp. 913–919 (Arne Holtorf).

55 Edmund E. Stengel und Friedrich Vogt: Zwölf mittelhochdeutsche Minnelieder und Reimreden aus den Sammlungen des Rudolf Losse von Eisenach. In: Archiv für Kulturgeschichte 38. 1956, S. 174–217 und 39. 1957, S. 391 (Korrektur); auch in Buchform: Köln/Graz 1956. Vgl. die Rezension von Hugo Kuhn, PBB (Tübingen) 80. 1958, S. 317–323.

56 Th. Frings und E. Linke: Drei rheinische Rondeaux, die ältesten in deutscher Sprache. In: PBB (Halle) 85. 1963, S. 1–21 (mit kritischer Edition). Zu weiteren frühen *rondeau*-Überlieferungen vgl. Willaert: *Dw welt* (Anm. 45) S. 158–163.

57 Zu den Formtypen des *virelai* bzw. der *ballade* beim Mönch von Salzburg vgl. März: Weltliche Lieder (Anm. 44) S. 19–26; zu frühen Überlieferungen dieser Liedform vgl. Willaert: *Dw welt* (Anm. 45) S. 163–168 und März: Weltliche Lieder, S. 27f.

58 Vgl. Willaert: *Dw welt* (Anm. 45) S. 167f.

59 Vgl. ²VL 5. 1985, Sp. 715f. (Frieder Schanze) und 11. 2004, Sp. 919 (Nachtrag). Abdruck des Textes bei Manfred Zimmermann: Die Sterzinger Miszellaneen-Handschrift. Kommentierte Edition der deutschen Dichtungen.

Dieser Überblick legt zwei Folgerungen nahe: Zum einen erfolgte die Rezeption der *formes fixes* in Deutschland während der ersten Hälfte des 14. Jahrhunderts über mehrere Verbindungswege, die sich – wie Losses Liedersammlung zeigt (Frankreich, Prag, „rheinische Schiene") – durchaus überschneiden und ergänzen konnten.[60] Zum andern scheint die vielfältige und offenkundig rasche Verbreitung der neuen Liedformen mit ihren spezifischen, zum geselligen Singen einladenden Refrains entscheidend zur charakteristischen, sich vom traditionellen Minnelied unterscheidenden Ausformung des Liebeslieds neuer Art beigetragen zu haben. Nach dessen Etablierung, die sich thematisch natürlich ebenso dem veränderten Konzept beim liedhaften Sprechen von und über die Liebe verdankt, war es dann möglich, die anspruchsvollen Strophenmuster der *formes fixes* (wohl ab dem 15. Jahrhundert) wieder aufzugeben und nunmehr auch die Liebeslieder in den traditionellen zwei- und dreiteiligen Strophenformen zu dichten und zu singen, die dann auf andere Weise musikalisch gestalteten Formen der Geselligkeit (etwa Mehrstimmigkeit, Tanz) offenstanden. Dennoch scheint mir der Befund literarhistorisch wichtig zu sein, daß es in der deutschsprachigen Lyrik mit der Rezeption der *formes fixes* – nach dem klassischen Minnesang – einen zweiten bedeutenden und nachhaltigen romanischen Einfluß gab. Er muß sich freilich keineswegs auf eine Übernahme von Strophenformen beschränkt haben, auch der Wechsel der Rollenkonstellation vom „ich - sie" des Minnelieds zum „ich - du" des Liebeslieds, der sich nach der Mitte des 13. Jahrhunderts bereits bei Adam de la Halle († 1287) findet und der spätestens bei Guillaume de Machaut fest etabliert war, könnte entscheidende Anregungen aus der Romania er-

---

Innsbruck 1980. (Innsbrucker Beiträge zur Kulturwissenschaft. Germanistische Reihe 8) S. 81 (Nr. 5); Kommentar mit Nachweis von Parallelüberlieferungen S. 246 249. Zimmermann bezieht das Lied auf Leopold IV., der 1387 mit Katharina von Cleve (Tochter Philipps von Burgund) in Dijon getraut wurde. Vgl. auch Eckart Conrad Lutz: Das Dießenhofener Liederblatt. Ein Zeugnis späthöfischer Kultur. Freiburg/Breisgau 1994. (Literatur und Geschichte am Oberrhein 3) S. 67–76. Beide Lieder des Dießenhofener Liederblatts haben übrigens auch *virelai*-Form.

60 Vergleichbar damit sind die unterschiedlichen Wege bei der spätmittelalterlichen Rezeption französischer Epik in deutschsprachigen Literaturorten; vlg. dazu Martina Backes: Fremde Historien. Untersuchungen zur Überlieferungs- und Rezeptionsgeschichte französischer Erzählstoffe im deutschen Spätmittelalter. Tübingen 2004. (Hermaea NF 103) S. 64–94 („Geographische Schwerpunkte").

halten haben.⁶¹ Sie wären dem skizzierten Anspruch des Liebeslieds auf größere Lebensnähe unmittelbar entgegengekommen.

Zur sozialen Verortung

Fragt man nach der sozialen Verortung aller dieser und der hier übergangenen Zeugnisse, dann fällt auf, daß sie bis zur Mitte des 14. Jahrhunderts – abgesehen von drei Ausnahmen (Herzog Jan I. von Brabant, Herzog Leopold III. von Österreich und Konrad von Bickenbach) – ausschließlich in ein klerikales Umfeld⁶² bis hin zu Bischofshöfen füh-

---

61 Die Klärung dieser und weiterer inhaltlicher Bezüge zwischen den französischen und den deutschen Liebesliedern auf einer repräsentativen Basis wäre Aufgabe eines interdisziplinären Projekts. Für bestätigende Hinweise danke ich Friedrich Wolfzettel.

62 Hierzu sind – wenn auch in späterer Zeit aufgezeichnet – die deutschsprachigen *rondeau*-Fragmente als Marginaleinträge (um 1372) zu acht geistlichen *rondeaux* in lateinischer Sprache zu erwähnen, die sich in der Engelberger Handschrift 314, Bl. 168ʳ–169ᵛ finden; vgl. Engelberg Stiftsbibliothek Codex 314 kommentiert und im Faksimile hrsg. von Wulf Arlt und Mathias Stauffacher. Winterthur 1986. (Schweizerische Musikdenkmäler 11) und Jacques Handschin: Die Schweiz, welche sang. In: Festschrift Karl Nef zum 60. Geburtstag. Zürich/Leipzig 1933, S. 102–133, hierzu S. 112–117; Karl Bartsch: Alt- und Mittelhochdeutsches aus Engelberg. In: Germania 18. 1873, S. 45–72, hierzu S. 64f. hat die Funktion der Beischriften nur teilweise erkannt. Weiterhin die fünf *rondeaux*, die der Aachener Kaplan Johann Barba gegen Ende des 14. Jahrhunderts in die heute Erfurter Handschrift Amploniana Q 332 eingetragen hat; vgl. C. Nörrenberg: Ein Aachener Dichter des 14. Jahrhunderts. In: Zeitschrift des Aachener Geschichtsvereins 11. 1889, S. 50–66, Abdruck der *rondeaux*: S. 56–59 und verbessert durch F. Gennrich: Deutsche Rondeaux. In: PBB 72. 1950, S. 130–141 (mit Formanalyse); vgl. zu beiden Quellen auch Friedrich Gennrich: Liedkontrafaktur in mhd. und ahd. Zeit. In: ZfdA 82. 1948, S. 105–141, hierzu S. 110f. Wohl ebenfalls in klerikalen Umkreis führt die Aufzeichnung von vier *rondeaux* (und eines herkömmlichen Refrainliedes) in einer ehemals Buxheimer Handschrift aus der zweiten Hälfte des 14. Jahrhunderts, die möglicherweise von einem Scholaren vorgenommen worden ist; vgl. Christoph Petzsch: Ostschwäbische Rondeaux vor 1400. In: PBB (Tübingen) 98. 1976, S. 384–394 (Abdruck: 389f.). In Frankreich wurden die Kleriker bereits während des 13. Jahrhunderts zur „Trägerschicht der Lyrik"; vgl. Tietz: Französische Lyrik (Anm. 43) S. 116.

ren. Hier dürfte das Liebeslied neuer Art im deutschsprachigen Raum vor allem ausgebildet und zunächst gepflegt worden sein; und deswegen scheinen die vorhin erwogenen Einflüsse mittellateinischer Refrainlieder „geselliger Liebe" nicht völlig in die Irre zu führen.

Anonymisiert und wohl auch in einfacherer Form hat das neue Liebeslied jedoch bald seinen Siegeszug außerhalb von Klerikerhöfen angetreten. Jedenfalls wettert bereits der Österreicher Heinrich der Teichner, der zwischen etwa 1350 und 1365 sein umfangreiches Reimpaarreden-Werk verfaßt hat, gegen die neue Art des Singens, die er – als Beispiel für den allgemeinen Sittenverfall – als *reinisch* im Sinne von dekadent[63] abkanzelt und dabei auch kein Verständnis für den offenkundig höheren musikalischen Anspruch dieser Lieder zeigt (Nr. 191, V. 63–74):[64]

```
      so singens auch so wunderleich
      sam sew wellen erwurgen sich.
 65   der sich vastist wurgen chan,
      der hat nu daz pest getan.
      der alten lied ist gar vergezzen
      dw da waren schon gemezzen
      mit der weiz und mit den worten.
 70   dw welt dw ist an allen orten
      reinisch waren und unstaet
      und lebt doch in ungeraet ['Ratlosigkeit'].
      da man phlag der weisen fueg,
      do waz man reich und het genueg.
```

Konkreter als der Teichner wird Tilemann Elhen in seiner 'Limburger Chronik',[65] in der er für 1360 den Wandel in der Lied-, aber auch in der Musizierpraxis explizit beschrieben hat:

> Item in disem selben jare vurwandelten sich dictamina unde gedichte in Duschen lidern. Want man bit her lider lange gesongen hat mit funf oder ses gesetzen, da machent di meister nu lider, di heißent widersenge, mit dren ge-

---

63 Gegen das geographische Verständnis von *reinisch* ('[nieder]rheinisch'), für das Willaert: *Dw welt* (Anm. 45) eintritt (S. 156: „rheinische Liedarten"), spricht neben dem sprachlichen Befund nicht zuletzt der – wie eben gezeigt – verzweigte Rezeptionsweg der neuen Liedformen; vgl. auch März: Weltliche Lieder (Anm. 44) S. 29 Anm. 49.

64 Die Gedichte Heinrichs des Teichners. Bd. 1 (Gedicht Nr. 1–282). Hrsg. von Heinrich Niewöhner. Berlin 1953. (DTM 44) S. 216.

65 In ihr hat er zwischen 1347 und 1380 eine Reihe von Liedern eingerückt, die er aber meist nur unvollständig zitiert; vgl. Anm. 47, Willaert: *Dw welt* (Anm. 45) S. 156–158 und Janota: Orientierung (Anm. 5) S. 162.

setzen. Auch hat ez sich also vurwandelt mit den pifen unde pifenspel unde hat ufgestegen in der museken, unde ni also gut waren bit her, als nu in ist anegangen. Dan wer vur funf oder ses jaren ein guter pifer was geheißen in dem ganzen lande, der endauc itzunt nit eine flige. Item da sang man den widersang:

> 'Hoffen heldet mir daz leben,
> truren dede mir anders we.'[66]

Bei Teichners *wunderleichem singen* handelt es sich nach dem Zeugnis der 'Limburger Chronik' also um Refrainlieder (*widergesenge*) neuer Art, wie sie für die damals modernen Liebeslieder (wenn auch nicht ausschließlich) charakteristisch sind. Außerdem scheint neben der neuen Liedform mit den Problemen der Bläser die komplexere musikalische Gestaltung dieser Lieder bis hin zur Mehrstimmigkeit angesprochen zu sein, wie sie sich später in den instrumentalen Nebenstimmen des Tenorlieds zeigt.

Teichners Polemik wie die Nachrichten der 'Limburger Chronik' sind in ihren ständisch nicht eingeschränkten Stellungnahmen nur so zu verstehen, daß um die Mitte des 14. Jahrhunderts das Liebeslied über die klerikalen Pflegestätten hinaus, wo es bei den *fêtes galantes* zur courtoisen Unterhaltung diente,[67] seine Liebhaber fand. So kommt mit Konrad von Bickenbach erstmals der Landadel als jener Rezipientenkreis in den Blick, der neben der städtischen Oberschicht nach Ausweis der Liederbücher aus dem 15. Jahrhundert für das moderne Liebeslied bestimmend sein wird.[68] Diese Fokussierung scheint mir nicht zufällig zu sein: Offenkundig sahen diese beiden Gesellschaftsschichten im neuen Liebeslied eine literarische Repräsentationsform, die sich sozial differenzierend im geselligen Singen verwirklichte. Mit dieser Funktion ist auch die Anonymität des Liebeslieds als eines seiner signifikanten Kennzeichen unmittelbar verknüpft: In ihm dokumentierte sich eine schichtenspezifische Liedform, die – wie bei einem Großteil der Minnereden – nicht an die Autorität eines Autors gebunden war, sondern als Eigenbesitz angesehen wurde. Natürlich stand auch hinter jedem Liebeslied ein Autor, der durch das gesellige Singen angeregt und

---

66 Wyss: Limburgische Chronik (Anm. 6) S. 49.
67 Vgl. Brunner: Liebeslied (Anm. 1) S. 124.
68 Vgl. Burghart Wachinger: Liebe und Literatur im spätmittelalterlichen Schwaben und Franken. Zur Augsburger Sammelhandschrift der Clara Hätzlerin. In: DVjs 56. 1982, S. 386–406 und Michael Curschmann: Kebicz, Jakob. In: ²VL 4. 1983, Sp. 1087–1090 und 11. 2004, Sp. 834f. (Nachtrag). Zum 'Dießenhofener Liederblatt' vgl. Anm. 59.

durch die im Vergleich zum Minnelied insgesamt deutlich schlichteren thematischen Ansprüche ermutigt, seiner Verehrten mit eigenen Liedern dienen und mit diesen zugleich das gesellige Singen wie das Brauchtum (vgl. die Neujahrslieder) bereichern konnte. Dabei mochte von den gelegentlich eingeflochtenen Namensinitialen innerhalb der singenden Gemeinschaft ein Anreiz zur Entschlüsselung ausgegangen sein; für den privaten Gebrauch solcher Lieder ließen sich diese Initialen andererseits leicht austauschen. Vor dem skizzierten Hintergrund wird dann auch eine gewissen Seriellität verständlich,[69] die diesen Liedern im 15./16. Jahrhundert – wie übrigens auch den Minnereden – teilweise anhaftet und die (ebenfalls wie bei der Minnerede) gerade dadurch zu einer ständigen Erweiterung des Repertoires innerhalb des vorgegebenen Rahmens einlud. Dabei verwischen sich im geselligen Singen die Grenzen zwischen Autor/Sänger und Rezipienten.

Wechsel des Liebeskonzepts

Mit der Veränderung der Rezipientenkreise steht m. E. schließlich auch ein Wechsel des Liebeskonzepts im Zusammenhang. Das zunächst klerikale Umfeld, in dem das Liebeslied gepflegt wurde, erklärt neben dem nach wie vor starken Einfluß der Minnesangtradition, warum im Liebeslied vorerst der ungelohnte Dienst und das erfolglose Werben im Mittelpunkt stehen. Zwar wird auch hier von Treue und Liebe bis ans Lebensende gesprochen, aber das sind durchweg hyperbolische Formeln, die das riskante Spiel mit einer freien, gesellschaftlich nicht erlaubten Liebe literarisch zu legitimieren suchten. Eine frühe Ausnahme

---

69 Zur Typologie der Liebeslieder im 15. und 16. Jahrhundert vgl. Doris Sittig: *Vyl wonders machet minne. Das deutsche Liebeslied in der ersten Hälfte des 15. Jahrhunderts.* Göppingen 1987. (GAG 465) und Horst Brunner: Das deutsche Lied im 16. Jahrhundert. In: Fragen der Liedinterpretation. Hrsg. von Hedda Ragotzky, Gisela Vollmann-Profe und Gerhard Wolf. Stuttgart 2001, S. 118–134; ders.: Die Liebeslieder in Georg Forsters *Frischen Teutschen Liedlein* (1539–1556). In: Deutsche Liebeslyrik im 15. und 16. Jahrhundert. Hrsg. von Gert Hübner. Amsterdam/New York 2005. (Chloe. Beihefte zum Daphnis 37) S. 221–234; beide Aufsätze zusammen wiederabgedruckt unter dem Titel: Das deutsche Lied im 16. Jahrhundert. In: Brunner, Annäherungen (Anm. 1) S. 313–335. Einen knappen literarhistorischen Abriß aus neuerer Zeit bietet Franz-Josef Holznagel: Mittelalter. In: Geschichte der Lyrik. Stuttgart 2004, S. 11–94, hierzu S. 72–94.

bildet hierbei das *virelai* Leopolds III. für seine spätere Gattin, das sich nicht in galanten Treueversprechungen ergeht, sondern jeweils im zweiten Strophenteil des Liedes die Verbindlichkeit einer ehelichen Bindung im Blick hat:

> jn deinem dinst so will ich streben
> vnd wil alzeit frisch frolichen sein.
> dar ein han ich mich gancz ergeben
> jmmer biß auff das ende mein. (I, 5–8)
> mit einem plick so twstu es wol,
> das ich dir muß wesen vnttertan
> vnd [ich] dir gehorsam wesen sol
> die weil vnd ich das leben han. (II, 5–8)
>
> jch gib mich gancz in dein gewalt,
> vnd leb mit mir, alß ich dir getraw.
> jch hoff, dein trew sich zu mir halt,
> dar auff ich steteclichen baw. (III, 5–8)[70]

Diese neue Sichtweise, die sich von den Treuebekundungen des Minneliedes grundlegend unterscheidet, wird spätestens im 15. Jahrhundert dominant, als der Landadel und die städtische Oberschicht das Liebeslied für sich entdecken. Eine bis dahin innerhalb der Literatur tolerierte Erotik ohne gesellschaftliche Verbindlichkeit erhält jetzt eine soziale Zielsetzung: Im Rahmen des Liebesliedes wird unter dem Anspruch der eingangs besprochenen Hinwendung zur Lebensweltlichkeit nunmehr der Weg von der Werbung, dem Kennenlernen, der Prüfung der Liebenden bis hin zur Ehe beschrieben. Das ist gegenüber dem Minnesang ein neues Liebeskonzept, das allein die erotische, ja sexuelle Verbindung der Liebenden gesellschaftlich legitimiert. Wachinger hat zwar recht, wenn er auf „Freiwilligkeit, Beständigkeit, Ausschließlichkeit der Liebe"[71] als verbindende Normen zwischen Minnelied und Liebeslied hinweist, aber er blendet mit seinem Plädoyer, den Unterschied zwischen dem Minne- und dem Liebeslied „nicht primär als historischen Wandel von Liebeskonzepten zu verstehen, sondern als Verschiebung

---

70 Zitiert nach Zimmermann: Sterzinger Miszellaneen-Handschrift (Anm. 59) S. 81.
71 Wachinger: Liebeslieder (Anm. 1) S. 16. Vgl. dazu auch Rüdiger Schnell: Die 'höfische' Liebe als 'höfischer' Diskurs über die Liebe. In: Curialitas. Studien zu Grundfragen der höfisch-ritterlichen Kultur. Hrsg. von Josef Fleckenstein. Göttingen 1990. (Veröffentlichungen des Max-Planck-Instituts für Geschichte 100) S. 231–301.

der jeweils angenommenen Situation monologischen Sprechens,"[72] zu sehr aus, daß die von ihm genannten allgemeinsten Normen des Liebesdiskurses im Liebeslied durch seine neue Zielsetzung spätestens im 15. Jahrhundert eine funktionale Neuorientierung erhalten, die bei aller unverkennbaren Formelhaftigkeit zu einem neuen Liebeskonzept führen.[73] In Auseinandersetzung mit Wachingers These kommt Gert Hübner, der das Liebeslied zwischen 1400 und 1600 (oder literarhistorisch gewendet: zwischen Minnesang und Opitz) als „mittleres System" apostrophiert,[74] zu einem ähnlichen Ergebnis: „Das mittlere System imaginiert offenbar eine illegitime Liebe zwischen zwei jungen Leuten, die als möglicher Vorlauf zu einer Ehe, damit als offen für die Legitimation in einer Ehe gedacht ist."[75]

Das Liebeslied bot also nicht nur eine literarische Form, um öffentlich und privat von und zu einem geliebten Du zu sprechen (während

---

72 Wachinger: Liebeslieder (Anm. 1) S. 21.
73 Allerdings deutet auch Wachinger: Liebeslieder (Anm. 1) S. 29 in seinem Resümee einen stärkeren lebensweltlichen Bezug des Liebesliedes an: „Die Maßstäbe, an denen sich die rechte Liebe zu orientieren hat, brauchen nicht mehr im personalen Experiment gesucht zu werden, sondern sind vorweg gewußt; es geht eher um ihre Bewährung in der Praxis. Kann man es wagen, diese Neuorientierung zu parallelisieren mit Tendenzen in anderen Bereichen des literarischen und geistlichen Lebens [...]: Wendungen von risikofreudigen Aufbrüchen zum Bewahren und Ausbauen des Gesicherten, von spekulativen Annäherungen an das Absolute zu Denkmustern, nach denen man leben konnte?" Noch deutlicher formulierte Wachinger: Liebe und Literatur (Anm. 68) S. 396: „mir scheint doch, daß im 13. Jahrhundert eher eine Ehebruchssituation, im 15. Jahrhundert dagegen meist eine voreheliche Liebesbeziehung vorausgesetzt war – gewiß eine Entschärfung möglicher Konflikte zwischen Liebe und geistlichen und gesellschaftlichen Normen."
74 Vgl. dazu erstmals Gert Hübner: Christoph von Schallenberg und die deutsche Liebeslyrik am Ende des 16. Jahrhunderts. In: Daphnis 31. 2002, S. 127–186; weiterhin Hübner: Rhetorik (Anm. 75), der S. 85 darauf hinweist, daß es außerhalb des „mittleren Systems natürlich auch andere Formen des Liebesliedes gibt (neben der meisterlichen Liedkunst ist dabei vor allem auf die 'Gassenhauer' und 'Reiterliedlein' zu denken). Auf der Grundlage meiner hier vorgelegten Überlegungen reichen die Anfänge des „mittleren Systems" allerdings bis in die erste Hälfte des 14. Jahrhunderts zurück.
75 Gert Hübner: Die Rhetorik der Liebesklage im 15. Jahrhundert. Überlegungen zu Liebeskonzeption und poetischer Technik im 'mittleren System'. In: Deutsche Liebeslyrik (Anm. 69) S. 83–117, Zitat S. 108.

das Minnelied in der Regel[76] nur über die unerfüllbare Liebe zum rollenhaften Sie einer verehrten Dame reflektieren konnte), das Liebeslied lehrte zugleich, die gemeinsame Liebe dauerhaft in den institutionellen Rahmen der Ehe einmünden zu lassen. Diesem neuen Modell bleibt – wenn zwei Herzen zueinandergefunden haben – das unverbindliche literarische Spiel einer Liebe auf Zeit zumindest ab dem 15. Jahrhundert fremd. Dies ist das thematisch Neue des Liebesliedes, nachdem es als Liedtyp nach seinen Anfängen ganz zu sich gefunden hatte. Trotz aller *staete*-Bekundungen kennt nämlich das Minnelied die Ehe als Ziel der Werbung modellbedingt nicht. Daher empfiehlt der *tächenschreiber* (V. 1646: 'Dekanatssekretär') Henritze Nabelreiber anläßlich seiner Minnelehre in Wittenwilers 'Ring' (wohl um 1408/10) Bertschi Triefnas, sich von Mätzli Rüerenzumphs ablehnender Haltung nicht entmutigen zu lassen, sondern öffentlich um sie mit einem rondeauartigen *hofelied*, also nicht mit einem Minnelied, zu werben:

        Dar umb vil wenig du verzag
1755   Und ge die gassen auf und ab,
        Ze fröden singend deinem lieb
        Sunderleich daz hofelied:
        „Ze dienen hab ich ir gesworn,
        Will seis joch niemer han verguot.
1760   Vält es mir heut es trifft leicht morn:
        Dar auf derfreuwet sich mein muot
        Und harren ie auf guoten wan.
        Ze dienen hab ich ir gesworn,
        Will seis joch niemer han verguot:
1765   Dar um wil ich nicht abelan."[77]

---

76 Natürlich finden sich dazu immer auch Ausnahmen (besonders auffällig der Donauländische Minnesang mit Dem von Kürenberg als markantestem Vertreter, ein Teil der Frauenlieder oder die Lieder Walthers von der Vogelweide, die thematisch nicht dem Modell der Minnekanzone folgen), die aber in ihrer Ausnahmestellung ohne erkennbaren konzeptionellen Einfluß auf das spätere Liebeslied blieben.

77 Heinrich Wittenwiler. Der Ring. Frühneuhochdeutsch / Neuhochdeutsch. Nach dem Text von Edmund Wießner ins Neuhochdeutsche übersetzt und hrsg. von Horst Brunner: Stuttgart 1991. (RUB 8749) S. 104/106; vgl. den Kommentar zur Stelle S. 568f. Bei der Hochzeit werden dann drei Tanzlieder gesungen: 6267–6278, 6333–6355 (offenkundig verbunden mit einem Gesellschaftsspiel) und 6436–6445 (Nonsenslied); vgl. dazu die Kommentare S. 578.

Die Verbindung des Liebesliedes mit einer Werbung, deren Ziel die Ehe ist, die sich hier wie überhaupt im 15. Jahrhundert immer wieder zeigt, läßt vermuten, daß über die vorgestellten Überlegungen hinaus sozialgeschichtliche Veränderungen bei der Etablierung des Liebesliedes neuer Art ebenfalls eine Rolle gespielt haben, so etwa „das Muster der 'späten Heirat', die Möglichkeiten potentieller Brautleute, auf die Heirat Einfluß zu nehmen, oder die institutionalisierten Begegnungsmöglichkeiten junger Unverheirateter unterschiedlichen Geschlechts (Fastnacht, Maitanz etc.), auf die die Lieder immer wieder anspielen."[78] Um

---

[78] Hübner: Rhetorik (Anm. 75) S. 108. Wachinger: Liebe und Literatur (Anm. 67) S. 400 spricht von „der musikalisch-literarischen Aufwartung, die zwischen ernsthafter Werbung und galanter Geste, jahreszeitlichem Brauchtum (etwa an Neujahr) und Verschönerung von Festen (etwa Verlobungen und Hochzeiten) mancherlei Nuancen gekannt haben dürfte." So berichtet etwa der Frankfurter Patrizier und Chronist Bernhard Rorbach von dem Ständchen 'Feil Rosenblümelein', das er mit fünf Mitwirkenden 1471 am Abend des Johannestags (24. Juni) *in einer schön jungfrauen haus* dargebracht habe; vgl. Frankfurter Chroniken und annalistische Aufzeichnungen des Mittelalters. Hrsg. Von Richard Froning. Frankfurt a.M. 1884. (Quellen zur Frankfurter Geschichte 1) S. 213f. (S. 214 Abdruck des paargereimten Texts, der mit Refrain und im Wechsel zwischen Vorsänger und Chor vorgetragen wurde). Der Brauch solcher Abendständchen, der als *Notten* bezeichnet wurde, soll in Frankfurt bis ins 14. Jahrhundert zurückreichen, vgl. Georg Ludwig Kriegk: Deutsches Bürgerthum im Mittelalter. Nach urkundlichen Forschungen und mit besonderer Beziehung auf Frankfurt a.M. Bd. 1. Frankfurt a.M. 1868, S. 458f. (Erstbeleg 1377) und zur weiteren Tradition Heinz Lenhardt: Feste und Feiern des Frankfurter Handwerks. Frankfurt a.M. 1950. (Archiv für Frankfurts Geschichte und Kunst. 5. Folge. Bd. 1/2) S. 25. Angesichts dieser Zusammenhänge erstaunt die mehr als stiefmütterliche Behandlung des Liebesliedes in den sozialgeschichtlich orientierten Literaturgeschichten; vgl. Ulrich Müller: Sangverslyrik. In: Von der Handschrift zum Buchdruck: Spätmittelalter, Reformation, Humanismus. Hrsg. von Ingrid Bennewitz und Ulrich Müller. Reinbek bei Hamburg 1991. (Deutsche Literatur. Eine Sozialgeschichte 2) S. 46–69 (ohne einen spezifisch sozialgeschichtlichen Bezug). In der Darstellung: Die Literatur im Übergang vom Mittelalter zur Neuzeit. Hrsg. von Werner Röcke und Marina Münkler. München 2004. (Hansers Sozialgeschichte der deutschen Literatur vom 16. Jahrhundert bis zur Gegenwart 1) fehlt das Liebes- bzw. Liederbuchlied sogar völlig. Über einzelne ethische Aspekte vgl. Bernd Prätorius: „Liebe hat es so befohlen". Die Liebe im Lied der Frühen Neuzeit. Köln (u. a.) 2004. (Europäische Kulturstudien. Literatur – Musik – Kunst im historischen Kontext 16.)

hier über Vermutungen hinauszukommen, bedarf es noch gezielter sozial- und kulturhistorischer Forschungen[79] zur vorehelichen Werbepraxis im Spätmittelalter und in der Frühen Neuzeit. Für nicht minder wichtig halte ich aber auch den literarhistorisch ambitionierten Versuch, aus den Liedaufzeichnungen und -sammlungen des 15. Jahrhunderts Liebeslieder des 14. Jahrhunderts herauszufiltern,[80] um die vorgelegten Überlegungen weiter zu verfestigen, zu differenzieren und notfalls zu korrigieren. Danach wird auch genauer abzuschätzen sein, ob die Fokussierung des Liebesliedes auf die voreheliche Werbung und auf die Ehe tatsächlich ein Charakteristikum des 15. Jahrhunderts darstellt.

Trotz dieser anstehenden Forschungsaufgaben dürfte die unternommene Spurensuche nicht völlig ins Leere führen. Sie zeigte, durch welche Verschiebungen innerhalb des literarischen Gattungssystems, die im hier diskutierten Bereich von einer neuen Art des Sprechens über Liebe ausgelöst wurden, und aus welchen unterschiedlichen Ansätzen sich das Liebeslied neuer Art bereits vor der Mitte des 14. Jahrhunderts entwickelt hat, bevor es beim Mönch von Salzburg deutlich und hier mit

---

79 Methodologisch grundlegend hierzu sind die wegweisenden Untersuchungen von Rüdiger Schnell; vgl. etwa: Frauendiskurs, Männerdiskurs, Ehediskurs. Textsorten und Geschlechterkonzepte in Mittelalter und Früher Neuzeit. Frankfurt a. M. 1998. (Geschichte und Geschlechter 23.)
80 Das hat vor längerem schon Gisela Kornrumpf gefordert: Deutsche Lieddichtung im 14. Jahrhundert. Ein Aspekt der Überlieferung. In: Zur deutschen Literatur und Sprache des 14. Jahrhunderts. Hrsg. von Walter Haug, Timothy R. Jackson und Johannes Janota. Heidelberg 1983. (Reihe Siegen 45) S. 292–304, hierzu S. 300: (Es wird) „eine der wesentlichen Aufgaben einer Lied-Geschichte des 14. Jahrhunderts sein, aufgrund einer differenzierten, auf typologisch-historische Zusammenhänge und Entwicklungen gerichteten Interpretation des schmalen gesicherten Bestands Kriterien zu finden, die es erlauben, mit der gebotenen Vorsicht die jüngere anonyme Überlieferung in einen Rekonstruktions-Versuch, eine Beschreibung der spezifischen Physiognomie des 14. Jahrhunderts einzubeziehen." Dabei wäre auch zu klären, ob die *formes fixes* ein Charakteristikum für die Lieder des 14. Jahrhunderts waren, das dann nach der Etablierung des Liebesliedes ab dem 15. Jahrhundert zugunsten der traditionellen zwei- und dreiteiligen Strophenformen (AB und AAB) wieder aufgegeben wurde. Träfe dies zu, verfügten wir über ein scharfes Instrument zur Datierung der Liebeslieder, die erst in Aufzeichnungen (vor allem) aus dem ersten Drittel des 15. Jahrhunderts überliefert, aber bereits im 14. Jahrhundert entstanden sind.

artifiziellem Anspruch in Erscheinung tritt und danach als Liederbuchlied die volkssprachige Liebeslyrik bestimmt. Die Suche nach den Anfängen ließ aber auch die Ausrichtung auf die Ehe als ein mögliches Unterscheidungsmerkmal zwischen den Liebesliedern des 14. und des 15. Jahrhunderts in den Blick rücken. Und nicht zuletzt erweitert die Faszination, die von den neuen Liedformen ausging, unser Wissen von den romanisch-deutschen Literaturbeziehungen im Spätmittelalter und in der Frühen Neuzeit. Es lohnte sich daher, diese Spurensuche fortzusetzen.

Curriculum vitae

Johannes Janota wurde am 30. Mai 1938 in Brünn geboren und wuchs in Schwäbisch Gmünd und in Düsseldorf auf. Die Folgen der Kriegs- und Nachkriegszeit erlaubten es ihm erst nach dem Abschluß einer Lehre als Werkzeugmacher, ein Gymnasium zu besuchen. Nach dem Abitur volontierte er zunächst bei einer Tageszeitung. Von 1961–1966 studierte er als Stipendiat des Cusanuswerks Deutsche Philologie, Katholische Theologie, Philosophie und Geschichte an den Universitäten Tübingen und Wien. 1966 wurde er mit einer Dissertation über das deutsche geistliche Lied des Mittelalters in Tübingen promoviert. Von 1966–1974 war er Assistent bei Hanns Fischer und seinem Nachfolger Burghart Wachinger. 1973 habilitierte er sich an der Universität Tübingen mit einem Forschungsbericht über die deutsche Literatur des Spätmittelalters. 1974 wurde er an die neugegründete Universität Siegen berufen, wo er die Mittelaltergermanistik aufbaute. 1983 erfolgte ein Ruf auf den Lehrstuhl für deutsche Literatur und Sprache der Universität Augsburg, wo er bis 2003 wirkte und das dortige Institut für Europäische Kulturgeschichte mitbegründete. Von 1987–1991 war er Vorsitzender des Deutschen Germanistenverbandes, dem nach 1989 die Aufgabe zufiel, die Germanistik in Ost- und Westdeutschland zu einem gemeinsamen Verband zu vereinen. Im Studienjahr 2007/08 nahm er die Wolfgang Stammler-Gastprofessur für Germanische Philologie an der Universität Freiburg (Schweiz) wahr. Zurzeit leitet er das Projekt der Deutschen Forschungsgemeinschaft „Kommentierte Edition der Melodien zu den lateinischen Osterfeiern des Mittelalters und der Frühen Neuzeit".

Veröffentlichungen von Johannes Janota 1968–2007

Bücher und Aufsätze

Studien zu Funktion und Typus des deutschen geistlichen Liedes im Mittelalter. München 1968. (Münchener Texte und Untersuchungen zur deutschen Literatur des Mittelalters 23.)

Neue Forschungen zur deutschen Dichtung des Spätmittelalters (1230–1500). 1957–1968. Stuttgart 1971. (Deutsche Vierteljahrsschrift für Literaturwissenschaft und Geistesgeschichte 45. 1971. Sonderheft.)

(gemeinsam mit Hanns Fischer) § 12. Die deutsche Dichtung von den Anfängen bis zum Ende der „mittelhochdeutschen Blütezeit"; § 79. Die deutsche Dichtung vom Ende der „mittelhochdeutschen Blütezeit" bis zum Ausgang des Mittelalters [Franken]; § 133. Die mittelalterliche deutsche Dichtung. In: Handbuch der bayrischen Geschichte. 3. Bd.: Franken, Schwaben, Oberpfalz bis zum Ausgang des 18. Jahrhunderts. Hrsg. von Max Spindler. München 1971; ²1979.

Der Stricker. Verserzählungen I. Hrsg. von Hanns Fischer. 3., revidierte Auflage. Tübingen 1973. (Altdeutsche Textbibliothek 53.) ⁴1979; ⁵2000.

Der Stricker. Abbildungen zur handschriftlichen Überlieferung. I. Der nackte Bote. Göppingen 1974. (Litterae 8/I.)

Der Stricker. Abbildungen zur handschriftlichen Überlieferung. II. Die Martinsnacht. Anhang: Der Weinschwelg. Göppingen 1974. (Litterae 8/II.)

Auf der Suche nach gattungsadäquaten Editionsformen bei der Herausgabe mittelalterlicher Spiele. In: Tiroler Volksschauspiel. Beiträge zur Theatergeschichte des Alpenraumes. Hrsg. von Egon Kühebacher. Bozen 1976. (Schriftenreihe des Südtiroler Kulturinstitutes 3) S. 74–87.

Der Stricker. Verserzählungen II. Hrsg. von Hanns Fischer. Mit einem Anhang: Der Weinschwelg. 2., revidierte Auflage. Tübingen 1977. (Altdeutsche Textbibliothek 68.) ³1984; ⁴1997.

Hans Folz. Ein Autor etabliert sich in einer stadtbürgerlichen Gesellschaft. In: Philologie und Geschichtswissenschaft. Demonstrationen literarischer Texte des Mittelalters. Hrsg. von Heinz Rupp. Heidelberg 1977. (medium literatur 5) S. 74–91.

(gemeinsam mit Karl Riha) „Sprechen" und „Hören", „Lesen" und „Schreiben" als kommunikative literarische Akte. In: Funkkolleg Literatur. Studienbegleitbrief 2. Weinheim und Basel 1976, S. 11–50. Überarbeitete Fassung in: Funk-Kolleg. Literatur Bd. 1. Hrsg. von Helmut Brackert und Eberhard Lämmert. Frankfurt a. M. 1977. (Fischer Taschenbuch 6326) S. 90–112.

'Das ist das new Teutsch Hurübel' – 'Dies ist das alte deutsche Uebel'. Die 'Wunderhorn'-Fassung und ihre Vorlage. In: Mittelalter – Rezeption. Gesammelte Vorträge des Salzburger Symposions 'Die Rezeption mittelalterlicher Dichter und ihrer Werke in Literatur, Bildender Kunst und Musik des 19. und 20. Jahrhunderts. Hrsg. von Jürgen Kühnel, Hans-Dietrich Mück und Ulrich Müller. Göppingen 1979. (Göppinger Arbeiten zur Germanistik 286) S. 172–212.

Städter und Bauer in literarischen Quellen des Spätmittelalters. In: Die alte Stadt 6.1979, S. 225–242.

Spätmittelalterforschung: Tendenz weiterhin steigend. In: Mitteilungen des Deutschen Germanistenverbandes 26. 1979, S. 15–23.

Eine Wissenschaft etabliert sich. 1810–1870. Tübingen 1980. (Deutsche Texte 53.)

Einleitung. In: Eine Wissenschaft (s. o.) S. 1–60.

Deutsche Literaturgeschichte. Vom Mittelalter bis zum Barock. Hrsg. von Helmut Scheuer, Hans-Georg Kemper und Johannes Janota. Düsseldorf 1980. (Deutsche Literaturgeschichte für die Sekundarstufe II und Studienanfänger.)

Mittelalter. In: Deutsche Literaturgeschichte (s. o.) S. 13–49.

Mittelalterlich-frühneuzeitliche Spiele und Dramen. In: Handbuch des deutschen Dramas. Hrsg. von Walter Hinck. Düsseldorf 1980, S. 26–34.

Schola cantorum und Gemeindelied im Spätmittelalter. Erneuter Hinweis auf die Bedeutung der 'Crailsheimer Schulordnung' für die hymnologische Forschung. In: Jahrbuch für Liturgik und Hymnologie 24. 1980, S. 37–52.

(gemeinsam mit Jürgen Kühnel) Ehrenpromotion Käte Hamburger am 25. Juni 1980. Dokumentation. Siegen 1980.

(gemeinsam mit Hanns Fischer) § 40. Die mittelhochdeutsche Literatur. In: Handbuch der bayerischen Geschichte. 1. Bd.: Das Alte Bayern. Das Stammesherzogtum bis zum Ausgang des 12. Jahrhunderts. Hrsg. von Max Spindler. 2., überarbeitete Auflage. München 1981.

Geschichte der Germanistik als bibliographisches Problem. In: Beiträge zur bibliographischen Lage in der germanistischen Literaturwissenschaft. Hrsg. von Hans-Henrik Krummacher. Boppard 1981. (Deutsche Forschungsgemeinschaft. Kommission für Germanistische Forschung. Mitteilung III) S. 211–222.

(gemeinsam mit Karl Riha) Aspekte mündlicher literarischer Kommunikation. In: Literaturwissenschaft. Grundkurs 2. Hrsg. von Helmut Brackert und Jörn Stückrath. Reinbek bei Hamburg 1981. (Handbuch rororo 6277) S. 28–50.

(gemeinsam mit Karl Riha) Rahmenbedingungen der literarischen Produktion und Rezeption. In: Deutsche Literaturgeschichte. Einführung in die Literaturgeschichte. Düsseldorf 1981. (Deutsche Literaturgeschichte für die Sekundarstufe II und Studienanfänger) S. 67–74.

Vor der Fahrt nach Narragonien warnend. In: Zurück zur Narrtur. Materialien und Dokumentation. Hrsg. von Karl Riha. Duisburg 1981. (5. Duisburger Akzente) S. 116–123.

Hans Folz (ca. 1435/40–1513). In: Fränkische Lebensbilder 10. 1982, S. 20–37.

Schmutzfinken oder Rebellen? Probleme der Forschung mit dem Obszönen in den mittelalterlichen Fastnachtspielen. In: Siegener Hochschulblätter 5. 1982, S. 56–70.

Zur deutschen Literatur und Sprache des 14. Jahrhunderts. Hrsg. von Walter Haug, Timothy R. Jackson und Johannes Janota. Heidelberg 1983. (Reihe Siegen 45 = Publications of the Institute of Germanic Studies, University of London 29.)

Das 14. Jahrhundert – ein eigener literarhistorischer Zeitabschnitt? In: Zur deutschen Literatur (s. o.) S. 9–24.

Hanns Fischer, Studien zur deutschen Märendichtung. 2., durchgesehene und erweiterte Auflage. Tübingen 1983.

Die Rolle des Handwerks und der Handwerker in den Werken des Nürnberger Handwerkerliteraten Hans Folz. In: Deutsches Handwerk in Spätmittelalter und Früher Neuzeit. Sozialgeschichte – Volkskunde – Literaturgeschichte. Hrsg. von Rainer S. Elkar. Göttingen 1983. (Göttinger Beiträge zur Wirtschafts- und Sozialgeschichte 9) S. 265–282.

Stadt und Literatur im Spätmittelalter. Hinweise auf aktuelle Forschungsprobleme. In: Stadt und Kultur. Hrsg. von Hans Eugen Specker. Sigmaringen 1983. (Stadt in der Geschichte 11) S. 57–69.

Zur Rezeption mittelalterlicher Literatur zwischen dem 16. und 18. Jahrhundert. In: Das Weiterleben des Mittelalters in der deutschen Literatur. Hrsg. von James F. Poag und Gerhild Scholz-Williams. Königstein/Ts. 1983, S. 37–46.

Deutsche Literaturgeschichte für die Sekundarstufe II und Studienanfänger. In: Mitteilungen des Deutschen Germanistenverbandes 30. 1983, S. 15–18.

(gemeinsam mit Jürgen Kühnel) *Uns ist in niuwen maeren wunders vil geseit.* Zu Ritter-Schaumburgs *Die Nibelungen zogen nordwärts.* Eine Stellungnahme aus germanistischer Sicht. In: Soester Zeitschrift 97. 1985, S.13–25.

Zu Typus und Funktion der Erlauer Spielaufzeichnung. In: Die österreichische Literatur. Ihr Profil von den Anfängen im Mittelalter bis ins 18. Jahrhundert (1050–1750). Unter Mitwirkung von Fritz Peter Knapp (Mittelalter) hrsg. von Herbert Zeman. Graz 1986. (Die österreichische Literatur. Eine Dokumentation ihrer literarhistorischen Entwicklung) S. 511–520.

Liebe und Ehe bei Hans Folz. Von der Minnerede zum Lob der Ehe. In: Liebe in der deutschen Literatur des Mittelalters. Hrsg. von Jeffrey Ashcroft, Dietrich Huschenbett und William Henry Jackson. Tübingen 1987, S. 174–191.

Das 'Wessobrunner Gebet'. In: Handbuch der Literatur in Bayern. Vom Frühmittelalter bis zur Gegenwart. Geschichte und Interpretation. Hrsg. von Albrecht Weber. Regensburg 1987, S. 47–57.

Du bist min, ich bin din. Überlegungen zur Fachdidaktik aus dem Blickwinkel der Fachwissenschaft. In: Literatur und Medien in Wissenschaft und Unterricht. Festschrift für Albrecht Weber. Hrsg. von Walter Seifert. Köln/Wien 1987, S. 11–17.

(gemeinsam mit Hanns Fischer) Die Literatur des Spätmittelalters. § 136. Die deutsche Literatur. In: Handbuch der bayerischen Geschichte. 2. Bd.: Das Alte Bayern. Der Territorialstaat vom Ausgang des 12. Jahrhunderts bis zum Ausgang des 18. Jahrhunderts. Begründet von Max Spindler, hrsg. von Andreas Kraus. München 1988.

Mediävistik. Seelze 1989. (Der Deutschunterricht 41/I.)

Germanistische Mediävistik: Von den Schwierigkeiten und der Faszination eines Neubeginns. In: Mediävistik (s. o.) S. 3–11.
(gemeinsam mit Wolfgang Suppan) Texte und Melodien der „Erlauer Spiele". Tutzing 1990. (Musikethnologische Sammelbände 11.)
Der Tristan-Roman des Gottfried von Straßburg. Moralische Amoralität oder amoralische Moralität? In: Große Werke der Literatur I. Hrsg. von Hans Vilmar Geppert. Augsburg 1990, S. 55–68.
Adam Puschmann. Vom Poeten zum Poetologen. In: Autorentypen. Hrsg. von Walter Haug und Burghart Wachinger. Tübingen 1991. (Fortuna vitrea 6) S. 144–163.
Die Furtmeyr-Bibel in der Universitätsbibliothek Augsburg. Kommentar mit Beiträgen von Helmut Graser, Johannes Janota, Rainer Kahsnitz, Paul Berthold Rupp und Wolfgang Wüst. Augsburg 1991.
Die Handschrift und ihre Texte. In: Furtmeyr-Bibel (s. o.) S. 15–19.
Die Handschrift in der Geschichte der deutschen Bibelübersetzungen. In: Furtmeyr-Bibel (s. o.) S. 43–64.
(gemeinsam mit Helmut Gier) Von der Augsburger Bibelhandschrift zu Bertolt Brecht. Zeugnisse der deutschen Literatur aus der Staats- und Stadtbibliothek und der Universitätsbibliothek Augsburg. Ausstellung der Staats- und Stadtbibliothek Augsburg in Zusammenarbeit mit der Universität Augsburg anläßlich des Deutschen Germanistentags 1991 Augsburg. 4. Oktober bis 10. November 1991. Katalog. Weißenhorn 1991.
Deutsche Bibeln. In: Augsburger Bibelhandschrift (s. o.) S. 21–26.
Poetische Texte des Mittelalters. In: Augsburger Bibelhandschrift (s. o.) S. 111–116.
Zur Rolle der Germanistik in der Informationsgesellschaft. In: Hitotsubashi Journal of Arts and Sciences 32. 1991, S. 43–51.
Mittelalterrezeption als lokal- und regionalpolitisches Phänomen. In: Vergangenheit bzw. Zukunft als Fremdes und Anderes. Hrsg. von Eijirō Iwasaki. München 1991. (Begegnung mit dem 'Fremden' 10) S. 332–337.
Festschrift Walter Haug und Burghart Wachinger. Hrsg. von Johannes Janota, Paul Sappler, Frieder Schanze, Konrad Vollmann, Gisela Vollmann-Profe und Hans-Joachim Ziegeler. 2 Bde. Tübingen 1992.
Neue Forschungsansätze in der deutschen Mittelaltergermanistik. In: Universität Waseda. Deutsche Vorträge. Waseda 1992, S. 55–69.
Vielfalt der kulturellen Systeme. Hrsg. von Johannes Janota. Tübingen 1993. (Kultureller Wandel und die Germanistik in der Bundesrepublik. Vorträge des Augsburger Germanistentags 1991. Bd. 1.)
Germanistik und Deutschunterricht im historischen Wandel. Hrsg. von Johannes Janota. Tübingen 1993. (Kultureller Wandel und die Germanistik in der Bundesrepublik. Vorträge des Augsburger Germanistentags 1991. Bd. 2.)
Methodenkonkurrenz in der germanistischen Praxis. Hrsg. von Johannes Janota. Tübingen 1993. (Kultureller Wandel und die Germanistik in der Bundesrepublik. Vorträge des Augsburger Germanistentags 1991. Bd. 3.)

Germanistik, Deutschunterricht und Kulturpolitik. Hrsg. von Johannes Janota. Tübingen 1993. (Kultureller Wandel und die Germanistik in der Bundesrepublik. Vorträge des Augsburger Germanistentags 1991. Bd. 4.)
Vorwort. Aus der Begrüßungsansprache zur Eröffnung des Germanistentages. In: Kultureller Wandel 1–4 (s. o.) S. IX–XII.
„Fortunatus". In: Große Werke der Literatur III. Hrsg. von Hans Vilmar Geppert. Tübingen/Basel 1993, S. 49–56.
Fallstudien II: Spätes Mittelalter. Einführung. In: Literarische Interessenbildung im Mittelalter. DFG-Symposion 1991. Hrsg. von Joachim Heinzle. Stuttgart/Weimar 1993. (Germanistische Symposien. Berichtsbände 14) S. 259–265.
Der vogt von Rotenburch im Budapester Fragment. In: Mittelalterliches Schauspiel. Festschrift für Hansjürgen Linke zum 65. Geburtstag. Amsterdam/Atlanta, GA 1994. (Amsterdamer Beiträge zur älteren Germanistik 38–39) S. 213–222.
Zur Funktion der Gesänge in der hessischen Passionsspielgruppe. In: Osterspiele. Texte und Musik. Hrsg. von Max Siller. Innsbruck 1994 (Schlern-Schriften 293) S. 109–120.
Literarisches Leben in Augsburg während des 15. Jahrhunderts. Hrsg. von Johannes Janota und Werner Williams Krapp. Tübingen 1995. (Studia Augustana 7.)
Einleitung. In: Literarisches Leben (s. o.) S. 1–7.
Fortuna vitrea. In: Fortuna. Hrsg. von Walter Haug und Burghart Wachinger. Tübingen 1995. (Fortuna vitrea 15) S. 344–362.
Wolfram von Eschenbach: „Willehalm". In: Große Werke der Literatur IV. Hrsg. von Hans Vilmar Geppert. Tübingen/Basel 1995, S. 93–104.
Frankfurter Dirigierrolle. Frankfurter Passionsspiel. Mit den Paralleltexten der ‘Frankfurter Dirigierrolle’, des ‘Alsfelder Passionsspiels’, des ‘Heidelberger Passionsspiels’, des ‘Frankfurter Osterspielfragments’ und des ‘Fritzlarer Passionsspielfragments’. Hrsg. von Johannes Janota. Tübingen 1996. (Die Hessische Passionsspielgruppe. Edition im Paralleldruck I.)
Helmut de Boor, Die deutsche Literatur im späten Mittelalter. Erster Teil: 1250–1350. 5. Auflage. Neubearbeitet von Johannes Janota. München 1997. (Geschichte der deutschen Literatur von den Anfängen bis zur Gegenwart III/1.)
Augsburger Buchdruck und Verlagswesen. Von den Anfängen bis zur Gegenwart. Hrsg. von Helmut Gier und Johannes Janota. Wiesbaden 1997.
Von der Handschrift zum Druck. In: Augsburger Buchdruck (s. o.) S. 125–139.
Walther von der Vogelweide: „Minnesang". In: Große Werke der Literatur V. Hrsg. von Hans Vilmar Geppert. Tübingen/Basel 1997, S. 23–51.
(gemeinsam mit Hanns Fischer) § 20. Die deutsche Dichtung von den Anfängen bis zum Ende der „mittelhochdeutschen Blütezeit"; § 90. Die deutsche Dichtung vom Ende der „mittelhochdeutschen Blütezeit" bis zum Ausgang des Mittelalters. In: Handbuch der bayerischen Geschichte. Bd. III/1: Geschichte Frankens bis zum Ausgang des 18. Jahrhunderts. Begründet von Max Spindler, neu hrsg. von Andreas Kraus. München 1997.

Mittelalterliche Texte als Entstehungsvarianten. In: „In Spuren gehen…". Festschrift für Helmut Koopmann. Hrsg. von Andrea Bartl, Jürgen Eder, Harry Fröhlich, Klaus Dieter Post und Ursula Regener. Tübingen 1998, S. 65–80.

Walther am Ende. Zur jüngsten Aufzeichnung von Minneliedern Walthers von der Vogelweide in der 'Weimarer Liederhandschrift' (F). In: Mittelalter und frühe Neuzeit. Übergänge, Umbrüche und Neuansätze. Hrsg. von Walter Haug. Tübingen 1999. (Fortuna vitrea 16) S. 78–99.

Johannes von Tepl: „Der Ackermann aus Böhmen". In: Große Werke der Literatur VI. Hrsg. von Hans Vilmar Geppert. Tübingen/Basel 1999, S. 45–58.

Zum Refrain in den lateinisch-deutschen Liebesliedern des Codex Buranus. In: Vom Mittelalter zur Neuzeit. Festschrift für Horst Brunner. Hrsg. von Dorothea Klein zusammen mit Elisabeth Lienert und Johannes Rettelbach. Wiesbaden 2000, S. 211–226.

Carl von Kraus (1868–1952). In: Wissenschaftsgeschichte der Germanistik in Porträts. Hrsg. von Christoph König, Hans-Harald Müller und Werner Röcke. Berlin/New York 2000, S. 141–151.

Endzeitwissen in der althochdeutschen Literatur: Das „Muspilli". In: Der Engel und die siebte Posaune… Endzeitvorstellungen in Geschichte und Literatur. Hrsg. Von Stefan Krimm und Ursula Triller. München 2000, S. 27–45.

Grundriß zu einer Geschichte der deutschen Literatur im Spätmittelalter 1220/30–1500/20. In: Beiträge zur Geschichte der deutschen Sprache und Literatur 123. 2001. S. 397–427.

Zum Burggrafen von Regensburg im Budapester Fragment. In: Entstehung und Typen mittelalterlicher Lyrikhandschriften. Hrsg. von Anton Schwob und András Vizkelety. Bern (u. a.) 2001. (Jahrbuch für Internationale Germanistik. Reihe A: Kongressberichte 52) S. 131–142.

Das Passions- und das Osterspiel aus Kaufbeuren. Zu den beiden reformatorischen Spielen (1562) des Michael Lucius (Hecht). In: Leuvense Bijdragen 90. 2001. S. 127–144.

Das „Hildebrandslied". In: Große Werke der Literatur VII. Hrsg. von Hans Vilmar Geppert. Tübingen und Basel 2001, S. 27–40.

(gemeinsam mit Hanns Fischer) § 60. Die mittelalterliche deutsche Dichtung. In: Handbuch der bayerischen Geschichte. Bd. III/2: Geschichte Schwabens bis zum Ausgang des 18. Jahrhunderts. Begründet von Max Spindler, neu hrsg. von Andreas Kraus. München 2001.

Alsfelder Passionsspiel. Frankfurter Dirigierrolle mit den Paralleltexten. Weitere Spielzeugnisse. Alsfelder Passionsspiel mit den Paralleltexten. Hrsg. von Johannes Janota. Tübingen 2002. (Die Hessische Passionsspielgruppe. Edition im Paralleldruck II.)

Freiheit der Gedanken. In: Germanisch-Romanische Monatsschrift NF 52. 2002, S. 3–17.

Literatur und Geschichte. Zu Rudolf von Hürnheim und die bayerisch-augsburgische Fehde von 1296. In: Esprit civique und Engagement. Festschrift für Henning Krauß. Hrsg. von Hanspeter Plocher, Till R. Kuhnle und Bernadette Malinowski. Tübingen 2003, S. 249–261.

Orientierung durch volkssprachige Schriftlichkeit (1280/90–1380/90). Tübingen 2004. (Geschichte der deutschen Literatur von den Anfängen bis zum Beginn der Neuzeit. Bd. III: Vom späten Mittelalter zum Beginn der Neuzeit. Teil 1.)

Heidelberger Passionsspiel. Mit den Paralleltexten der 'Frankfurter Dirigierrolle', des 'Frankfurter Passionsspiels', des 'Alsfelder Passionsspiels', und des 'Fritzlarer Passionsspielfragments'. Hrsg. von Johannes Janota. Tübingen 2004. (Die Hessische Passionsspielgruppe. Edition im Paralleldruck III.)

(gemeinsam mit Ute Evers) Adam Reißner. Gesangbuch. I. Faksimile der Augsburger Handschrift. II. Kommentar zur Augsburger Handschrift. Tübingen 2004. (Studia Augustana 12. 13.)

Die Augsburger Handschrift des Gesangbuches von Adam Reißner. In: Zeitschrift des Historischen Vereins für Schwaben 97. 2004, S. 195–206.

Spiritual Drama in an Urban Setting. In: A New History of German Literature. Cambridge, Massachusetts/London, England 2004, S. 121–126.

Das Osterspiel von Muri. In: Eine Neue Geschichte der deutschen Literatur. Hrsg. von David E. Wellbery. Berlin 2007, S. 183–192.

Freundschaft auf Erden und im Himmel. Die Mystikerin Margareta Ebner und der Gottesfreund Heinrich von Nördlingen. In: Impulse und Resonanzen. Tübinger mediävistische Beiträge zum 80. Geburtstag von Walter Haug. Hrsg. von Gisela Vollmann-Profe, Cora Dietl, Annette Gerok-Reiter, Christoph Huber und Paul Sappler. Tübingen 2007, S. 274–300.

Und jetzt? Forschungsaufgaben auf dem Gebiet der Sangspruchdichtung und des Meistergesangs nach Abschluß des ‚Repertoriums der Sangsprüche und Meisterlieder'. In: Sangspruchdichtung. Gattungskonstitution und Gattungsinterferenzen im europäischen Kontext. Internationales Symposium, 15.–18. Februar 2006. Hrsg. von Dorothea Klein zusammen mit Trude Ehlert und Elisabeth Schmid. Tübingen 2007, S. 3–16.

Lexikonartikel (Auswahl)

In: Die deutsche Literatur des Mittelalters. Verfasserlexikon. Zweite, völlig neu bearbeitete Auflage: 'Ambraser Heldenbuch'; 'Die beiden Freier'; 'Crailsheimer Schulordnung'; Ehrenfreund; Folz, Hans; 'Frau Seltenrain'; 'Got der vater won uns bei'; Graf Friedrich von Zollern; 'Das Häslein'; 'Des Hausknechts Rache'; Heinrich von Pforzen; 'Helf uns das heilige grab'; 'Von dem Hurübel'; Hymnare und Hymnenerklärungen in deutscher Sprache (gemeinsam mit Burghart Wachinger); 'Ich man dich vater Jhesum Christ'; 'In gotes namen varen wir'; 'Jakobslied'; 'Kaiser und Abt'; 'Marienmesse' (nd.); 'Neumarkter Cantionale'; Ostermayr, Wolfgang OSA; 'Puer natus in Bethlehem'; 'Regina coeli laetari' (deutsch); 'Rex Christe factor omnium' (deutsch); 'Salve festa dies' (deutsch); Schmieher, Peter; 'Der Schreiber'; Schweizer Anonymus; 'Seckauer Cantionale'; 'Sit willekomen herre kirst'; Tabernes, Tirich; 'Werdener Liederbuch'; 'Wienhäuser Liederbuch'; 'Wir

glauben in einen got'; 'Der Zahn'; Zapf, Hans; Nachtragsband: 'Der Freihart'; 'Der Hasenkauf'; 'O laid und klag'.
Musik in Geschichte und Gegenwart. Zweite, neubearbeitete Ausgabe. Sachteil: Geißlerlieder; Kirchenlied II: Mittelalter.
Reallexikon der deutschen Literaturwissenschaft: Hymnus; Spätmittelalter.

Rezensionen (Auswahl)

Millstätter Genesis und Physiologus Handschrift. Vollständige Facsimileausgabe der Sammelhandschrift 6/19 des Geschichtsvereines für Kärnten im Kärntner Landesarchiv, Klagenfurt. I. Faksimile; II. Einführung und kodikologische Beschreibung von A. Kracher. Graz 1967. (Codices selecti 10.) In: Literaturwissenschaftliches Jahrbuch NF 10. 1969, S. 394–396.
Kudrun. Die Handschrift. Hrsg. von Franz H. Bäuml. Berlin 1969. In: Literaturwissenschaftliches Jahrbuch NF 12. 1971, S. 363–369.
Das Märe. Die mittelhochdeutsche Versnovelle des späteren Mittelalters. Hrsg. von Karl-Heinz Schirmer. Darmstadt 1983. (Wege der Forschung 558.) In: Arbitrium. Zeitschrift für Rezensionen zur germanistischen Literaturwissenschaft 3. 1985, S. 255–259.
Des Minnesangs Frühling. Unter Benutzung der Ausgaben von Karl Lachmann und Moriz Haupt, Friedrich Vogt und Carl von Kraus bearbeitet von Hugo Moser und Helmut Tervooren. 36., neugestaltete und erweiterte Auflage. I: Texte; II: Editionsprinzipien. Melodien, Handschriften, Erläuterungen. Stuttgart 1977. In: ZfdPh 100. 1981, S. 31–47 (unter dem Titel: Zu der neuen Ausgabe von 'Des Minnesangs Frühling'). Wiederabdruck in: Altgermanistische Editionswissenschaft. Hrsg. von Thomas Bein. Frankfurt a. M. (u. a.) 1995. (Dokumentation Germanistischer Forschung 1) S. 206–221.
Dorothea Freise, Geistliche Spiele in der Stadt des ausgehenden Mittelalters. Frankfurt – Friedberg – Alsfeld. Göttingen 2002. (Veröffentlichungen des Max-Planck-Instituts für Geschichte 178.) In: ZfdA 134. 2005, S. 244–261.
Fritz Peter Knapp, Die Literatur des Spätmittelalters in den Ländern Österreich, Steiermark, Kärnten, Salzburg und Tirol von 1273 bis 1439. I. Halbbd.: Die Literatur in der Zeit der frühen Habsburger bis zum Tod Albrechts II. 1358. II. Halbbd.: Die Literatur zur Zeit der habsburgischen Herzöge von Rudolf IV. bis Albrecht V. (1358–1439). Graz 1999; 2004. (Geschichte der Literatur in Österreich von den Anfängen bis zur Gegenwart 2.) In: Arbitrium. Zeitschrift für Rezensionen zur germanistischen Literaturwissenschaft 23. 2005, S. 168–181.
Helmut Tervooren (unter Mitarbeit von Carola Kirschner und Johannes Spicker), Van der Masen tot op den Rijn. Ein Handbuch zur Geschichte der mittelalterlichen volkssprachlichen Literatur im Raum von Rhein und Maas. Berlin 2006. In: Archiv für das Studium der neueren Sprachen und Literaturen 244. 2007, S. 364–368.

Regelmäßig in: Germanistik. Internationales Referatenorgan mit bibliographischen Hinweisen, seit 9. 1969.

Herausgebertätigkeit (Auswahl)

Germanisch Romanische Monatsschrift: NF 30. 1980 – 54. 2004 (Mitherausgeber)
Mitteilungen des Deutschen Germanistenverbandes: 34. 1987 – 38. 1991.
Germanistik. Internationales Referatenorgan mit bibliographischen Hinweisen: seit 28. 1987 (Mitherausgeber).
Studia Augustana. Augsburger Forschungen zur europäischen Kulturgeschichte: seit 1. 1991 (Mitherausgeber).

Wolfgang Stammler Gastprofessur

für Germanische Philologie
an der Universität Freiburg Schweiz

Heft 1
Walter Blank
Naturanschauung im Mittelalter
1994. 45 S. Broschiert. ISBN 978-3-11-018077-0

Heft 2
Stefan Sonderegger
Althochdeutsch als Anfang deutscher Sprachkultur
1994. 91 S. Broschiert. ISBN 978-3-11-018076-3

Heft 3
Paul Gerhard Schmidt
Das Interesse an mittellateinischer Literatur
1995. 43 S. Broschiert. ISBN 978-3-11-018075-6

Heft 4
Walter Salmen
König David – eine Symbolfigur in der Musik
1995. 33 S. Broschiert. ISBN 978-3-11-018074-9

Heft 5
Alois Wolf
Das Faszinosum der mittelalterlichen Minne
1996. 66 S. Broschiert. ISBN 978-3-11-018073-2

Heft 6
Michael Curschmann
Vom Wandel im bildlichen Umgang mit literarischen Gegenständen.
Rodenegg, Wildenstein und das Flaarsche Haus in Stein am Rhein
1997. 99 S. Broschiert. ISBN 978-3-11-018072-5

Heft 7
Alois M. Haas
Der Kampf um den Heiligen Geist – Luther und die Schwärmer
1997. 48 S. Broschiert. ISBN 978-3-11-018071-8

Heft 8
Oskar Reichmann
*Nationales und europäisches Modell
in der Sprachgeschichtsschreibung des Deutschen*
2001. 101 S. Broschiert. ISBN 978-3-11-018070-1

Heft 9
Nigel F. Palmer
*Bibelübersetzung und Heilsgeschichte.
Studien zur Freiburger Perikopenhandschrift von 1462
und zu den deutschsprachigen Lektionaren des 15. Jahrhunderts
Mit einem Anhang: Deutschsprachige Handschriften, Inkunabeln
und Frühdrucke aus Freiburger Bibliotheksbesitz bis ca. 1600*
2007. 252 S. 14 Abb. Gebunden. ISBN 978-3-11-019151-6

Heft 10
Walter Haug
*Die höfische Liebe im Horizont der erotischen Diskurse
des Mittelalters und der Frühen Neuzeit*
2. A. 2004. 77 S. Broschiert. ISBN 978-3-11-018049-7

Heft 11
Marc-René Jung
*Die Vermittlung historischen Wissens zum Trojanerkrieg
im Mittelalter*
2001. 43 S. Broschiert. ISBN 978-3-11-018068-8

Heft 12
Burghart Wachinger
*Der Sängerstreit auf der Wartburg.
Von der Manessischen Handschrift bis zu Moritz von Schwind*
2004. 78 S. Broschiert. ISBN 978-3-11-017919-4

Heft 13
Felix Heinzer
*Wörtliche Bilder. Zur Funktion der Literal-Illustration
im Stuttgarter Psalter (um 830)*
2005. 52 S. Broschiert. ISBN 978-3-11-018051-0

Heft 15
Wolfgang Harms
*Bildlichkeit als Potential in Konstellationen.
Text und Bild zwischen autorisierenden Traditionen und
aktuellen Intentionen (15. bis 17. Jahrhundert)*
2007. 77 S. 8 Abb. Broschiert. ISBN 978-3-11-019443-2

www.ingramcontent.com/pod-product-compliance
Lightning Source LLC
Chambersburg PA
CBHW070833300426
44111CB00014B/2541